미녀들의
초상화가 들려주는
욕망의 세계사

Original Japanese Title：BIJYOTACHI NO SEIYŌ BIJYUTSUSHI

Copyright ⓒTaiji Kimura 2010
Original Japanese edition published by Kobunsha Co., Ltd.
Korean translation rights arranged with Kobunsha Co., Ltd.
through The English Agency(Japan) Ltd. and Eric Yang Agency, Inc.(Korea)

미녀들의 초상화가 들려주는 욕망의 세계사

기무라 다이지 지음 | **황미숙** 옮김

차 례

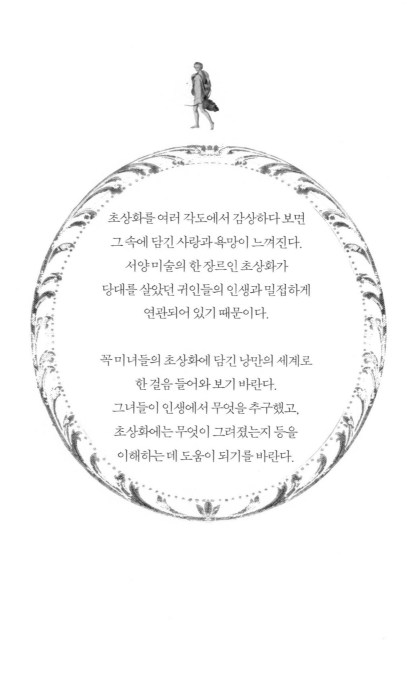

초상화를 여러 각도에서 감상하다 보면
그 속에 담긴 사랑과 욕망이 느껴진다.
서양미술의 한 장르인 초상화가
당대를 살았던 귀인들의 인생과 밀접하게
연관되어 있기 때문이다.

꽃미녀들의 초상화에 담긴 낭만의 세계로
한 걸음 들어와 보기 바란다.
그녀들이 인생에서 무엇을 추구했고,
초상화에는 무엇이 그려졌는지 등을
이해하는 데 도움이 되기를 바란다.

미술사 속의
초상화

초상화로 살펴보는 서양 미술사

인간은 가족이나 연인과 늘 함께하기를 바라고, 사랑하는 이들의 모습을 영원히 간직하고 싶어 한다. 이는 동서고금을 막론하고 변하지 않는 진리다.

지금은 누구나 사진이나 휴대전화에 저장해둔 화면으로 너무도 쉽게 사랑하는 사람의 모습을 보관하고 꺼내 볼 수도 있다. 하지만 그것은 현대인들이기에 누릴 수 있는 호사일 뿐, 기나긴 인류의 역사를 돌이켜 보면 극히 일부의 인간에게만 허락된 특권이었다.

또 인간은 스스로에 대한 강한 애정, 즉 자기 현시욕顯示慾을 갖고 있다. 그중에서도 시대의 권력자라면 더더욱 자신의 영광과 권력을 훗날에도 영원토록 드러내고 싶어 하는 법이다. 물론 여러 가지 형태로 자신이 살았던 증거를 남기고 싶어 하는 것은 인간의 본능이다.

개인의 초상화는 그런 욕망을 채워주는 하나의 수단이었다.

인류의 역사는 사랑과 욕망이라는 큰 수레바퀴에 의해 움직였다. 서양 미술사에서 초상화의 발전도 마찬가지다. 초상화 역시 사랑과 욕망의 산물이었고, 그 역사의 뒤편에는 많은 미녀들이 존재했다.

각각의 초상화에 대한 이야기에 앞서 미술사 속에서의 초상화를 살펴 보자.

고대의 초상 예술

고대 그리스는 서양 문명의 원점이자 서양 미술사의 출발점이다. 그리스 시대에 이미 개인을 그린 사실적인 초상화가 존재했다는 것은 문헌을 통해 알려졌지만, 안타깝게도 전해내려오는 것은 없다. 하지만 당시의 동전이나 고대 로마시대에 만들어진 복사본 등을 보면, 인물의 특징이 사실적으로 잘 드러났음을 알 수 있다.

고대 그리스로부터 문명과 미술을 '계승'한 고대 로마의 개인 흉상과 프레스코 벽화('방금 회를 칠한 위에'라는 의미의 이탈리아어 'a fresco'에서 나온 말로, 르네상스와 바로크 시대에 많이 그려진 벽화를 일컬음—옮긴이)를 보면 모델이 된 인물의 정체성이 그리스 시대에 비해 상당히 부각되어 있다. 이를 통해 당시의 초상 조각과 초상화가 개인을 숭배하고 기념하기 위

마케도니아의 장군 · 총독 리시마코스(Lysimachus, 기원전 360년경~281년, 알렉산드로스 3세 대왕의 계승자들 중 한 사람)가 발행한 알렉산드로스 대왕(기원전 356~323년)의 동전 [대영박물관]

한 확실한 목적을 가지
고 있었음을 알 수 있다.
즉, '개인'에 대한 개념이
발달하면서 초상 예술도
발달한 것이다.

왼쪽/로마의 초대 황제 아우구스투스(재위 기원전 27년~기원
후14년)의 동전
오른쪽/로마의 5대 황제 네로(재위 54~68년)의 동전

참고로 고대 로마 사
회는 초상화보다 내구
성이 뛰어난 흉상 조각을 더 선호했다. 지금까지 전해져 오는 작품을 보
면 깊이 새겨진 주름까지 사실적으로 표현한 것에 놀라움을 금할 수 없
다. 이처럼 완벽하게 사실적인 묘사야말로 당시 로마인들이 추구한 것
이었다.

우리가 접할 수 있는 고대 로마의 초상화는 극히 한정되어 있다. 대부
분이 로마 지배하의 하下 이집트(상上 이집트는 남쪽의 나일 강 상류 지역을
의미하며, 하下 이집트는 북쪽 하류의 삼각주 지역을 의미함－옮긴이) 파이윰
지방에서 출토된 것으로, 매장용 마스크 대신 미라에 부착되었던 초상
화들이다. 이것들은 그리스·로마의 사실적 초상화를 계승한 것으로 보
인다.

파이윰에서 출토된 초상화는 대부분 생명력이 넘치고 눈빛이 강렬하
다. 고대 메소포타미아 문명에서 고대 로마시대에 이르기까지 사람들은
눈을 '영혼의 창'이라고 여겼다. 단순히 얼굴을 닮게 그렸다는 사실만이
아니라 영혼의 영원성을 숭배한 옛날 사람들의 종교관까지도 초상화를
통해 엿볼 수 있다.

이집트 파이윰 지방에서 출토된 미라의 관에 부착되어 있던 초상화(기원전 2세기경)

✿

새로운 종교 아래서

380년, 로마 황제 테오도시우스 1세(재위 379~395년)의 칙령으로 크리스트교는 로마제국의 국교가 된다. 더불어 이교도들의 우상 숭배도 금지된다.

크리스트교가 유럽 사회의 중심 종교가 되면서 서양 문명은 크게 달라졌다. 미술계 역시 마찬가지였다.

크리스트교 미술사에서는 개인의 초상을 경시하는 경향이 있었다. 크리스트교는 인간이 신보다 열등하며, 육체가 영혼이나 정신보다 뒤떨어진다고 여겼기 때문이다. 이 영향으로 고대 그리스 · 로마시대에 성행하던 우상 숭배가 일시에 사라졌다. 고대 올림픽을 폐지한 것도 바로 테오도시우스 1세다. 육체보다 정신과 영혼이 우위에 있다고

테오도시우스 1세의 동전

본 크리스트교 윤리관으로는 전라의 남성들이 이단의 전능한 신 제우스를 위해 펼치는 경기 따위는 상상도 할 수 없었을 것이다.

이렇게 사회가 격변하면서 인간이 중심이던 고대의 가치관이 부정되고 크리스트교의 신이 사회의 중심이 되었다. 초기의 크리스트교는 우상 숭배에 대한 저항감 때문에 신의 모습을 표현하는 것조차도 문제삼았다. 하지만 서서히 교리의 전달 수단으로서 성상聖像(실재하는 존재나 정신적인 무언가를 초상화나 조각상 등으로 재현한 것, 어원은 그리스어 아이콘Eikon – 옮긴이)을 받아들인다. 당시 사람들은 대부분이 문맹이었기 때문에 그렇게 될 수밖에 없었다.

이렇게 교리를 전달하는 역할을 하게 된 크리스트교 미술은 의도적으로 추상성을 강조하고 사실성을 축소했는데, 크리스트교에서 이단으로 생각하는 고대 그리스 로마의 종교는 사실적으로 표현된 훌륭한 조각들을 중시했기 때문이다. 인간, 혹은 인간과 비슷한 모습을 한 신들을 숭배

하는 이단 신앙을 정면으로 부정하기 위해서라도 크리스트교 미술은 그 반대의 이미지를 부각시켜야만 했다.

신의 모습이 추상적으로 그려지면서 인간 역시 신보다 낮은 지위로 표현되었다. 또한 크리스트교 미술에서 인간의 도상圖像(종교나 신화 및 그 밖의 관념체계상 어떤 특정한 의의를 지니고 제작된 미술품에 나타난 인물이나 형상─옮긴이)은 외적인 아름다움보다 내면(영혼)의 미를 더 추구했다.

크리스트교가 확대되면서 초상 표현은 암흑의 시대로 들어섰다. 고대에 발전했던 초상 예술은 르네상스 시대에 다시 숨결을 되찾을 때까지 중세라는 무려 천 년의 시간을 잠들어 있어야만 했던 것이다.

❋

다시 찾아온 인간의 시대

개인의 초상은 14세기가 되어서야 다시 모습을 드러낸다. 13세기 무렵부터 유럽에서는 서서히 시장 경제가 발전하고 사회에 여유가 생기기 시작한다. 경제적, 정신적인 여유 없이는 문화 예술도 발전하지 않는다. 그리고 경제가 발전하면 사람들은 신성한 세계보다는 세속적인 것에 관심을 둔다. 즉, 사회에 여유가 생기면서 사람들이 인간성에 눈을 돌리게 된 것이다.

크리스트교 신앙에서 예를 들자면 이전까지 큰 존재감이 없던 성모 마리아의 남편이자 예수의 양부인 요셉의 지위가 향상되었다. 사람들은 요셉의 선한 인간성을 주목하고, 칭찬하기 시작했다.

종교 미술에서도 당시까지 예수의 모습은 초연하게만 표현됐으나, 점차

치마부에. 〈십자가 위의 예수〉. 1275년 경.
성 도메니코 성당. 아레초(이탈리아).
오른쪽은 얼굴 부분을 확대한 것

고뇌와 고통을 느끼는, 인간성을 강하게 표현한 예수상이 조형화되었다.

이같은 인간성에 대한 주목은 13세기 이후 알프스의 북쪽(네덜란드 및 프랑스)과 남쪽(이탈리아)에서 거의 같은 시기에 일어났다. 사회적 배경은 다를지언정 인간성이 부각되는 분위기는 같았다.

이러한 인간·개인에 대한 관심은 당연히 초상 예술의 발전을 가져왔다. 크리스트교 사회에서 인간성의 향상은 인간의 존재 자체를 신과 가깝게 만들었다. 14세기에 들어와서는 종교 미술에서조차 기부자의 초상이 그려지거나 화가가 자신의 초상을 그리기도 했다. 이것이 발전해 독립된 초상화의 기틀을 다지게 된다.

신에 대한 사랑이 종교화宗敎畵를 발전시키고, 인간에 대한 애정과 칭찬이 초상화의 발전을 이끌었다고 말할 수 있겠다.

❧

4분의 3 각도의 귀인들

네덜란드는 북유럽에서 초상화뿐만 아니라 회화 미술이 가장 융성했던 곳으로, 15세기 중반까지 부르고뉴 공국으로서 번영을 누렸다.

부르고뉴 공국의 초상화는 전통적으로 고대 로마의 영향이 강한 이탈리아의 것과는 달랐다. 르네상스 시대의 이탈리아 초상화가 고대의 동전을 본보기로 한 측면상이었던 데 반해 북쪽의 초상화는 일찍이 4분의 3 각도의 정면상으로 표현됐으며, 이는 종교 미술에서부터 시작되었다.

당시 종교 미술은 속죄하려는 기부자가 화가들에게 본인과 가족의 모습을 성서의 한 장면 속에 넣어 그려 달라고 주문하는 경우가 많았다. 물론 거기에는 자신들의 사회적 지위를 자랑하고자 하는 세속적인 바람, 삶의 증거로서 그림을 남기고자 하는 본능적인 바람도 있었다. 전통적으로 사실적인 묘사에 능했던 북방의 화가들은 후원자들의 모습을 형식적인 측면상이 아닌 4분의 3 각도 정면상으로 더 자연스럽게 그려냈다.

이에 따라 이탈리아가 아닌 북유럽에서 4분의 3 각도 정면상이 발전하기에 이르렀다. 즉 새로운 초상 표현의 시대로 돌입한 것이다.

그 가운데 가장 오래된 작품이 바로 오스트리아 대공 루돌프 4세(재위 1358~1365년)의 4분의 3 각도 정면상이다. 참고로 그는 훗날 합스부르크가에만 허락된 '대공大公'의 칭호를 처음으로 받은 인물이다.

Rudolfus Archidux Auftrie icet

화가 미상, 〈루돌프 4세의 초상〉, 1365년 경

이 작품을 그린 화가의 이름은 현재로서는 알 수 없다. 죽음을 앞둔 그를 그린 사실적인 이 초상은 루돌프 4세 자신이 건설토록 한 빈의 슈테판 대성당에 자리한 그의 무덤 위를 오래도록 장식했다.

네덜란드에서는 4분의 3 각도 정면상이 발전했지만, 네덜란드에 사는 이탈리아인 화가 피사넬로(1395년 경 ~1455년 경)는 이탈리아인의 초상화를 그릴 때는 전통에 따라 측면상을 고수했다.

하지만 그가 1433년에 그린 신성 로마 황제이자 헝가리의 왕이었던 지기스문트(황제 재위 1411~1437년, 헝가리 왕 재위 1387~1437년)의 초상은 알프스 북쪽의 양식에 맞춰 4분의 3 각도 정면상으로 그렸다. 신성 로마 황제로서 로마에서 대관을 한 전후에 그려진 이 작품은 초상화로는 드물게 치아까지 그려져 황제의 인간미를 느낄 수 있다.

피사넬로, 〈헝가리 왕 지기스문트의 초상〉, 1433년

갤러리의 탄생

초상화의 경향이 형식적인 표현에서 사실적인 표현으로 이행하게 된 이유 중 하나는 바로 북유럽에서 기도할 때 사용하는 장식 삽화가 달린 사본寫本의 발달 때문이다. 프랑스의 왕족들이 사본을 원하게 되면서 14세기부터 15세기에 걸쳐 많은 걸작이 탄생했는데, 대부분이 플랑드르의 공방에서 제작되었다.

랭부르 형제. 〈베리 공작의 매우 호화로운 기도서〉 중 '1월'. 1416년 이전

회화는 많은 사람들이 접하는 공적인 역할이 강한 데 비해 사본은 화가와 주문자와의 관계를 더욱 밀접하게 만들었다. 결과적으로 자유로운 창조성이 발휘될 수 있었기에, 주문자와 주변인들의 모습이 개성적인 사본으로 그려지게 된 것이다.

참고로 이 시대의 북유럽에서 미술 시장은 당시 최대의 도시였던 파리를 중심으로 형성되었다. 오늘날의 뉴욕이나 런던처럼 어느 시대든 미술 시장의 중심지는 대도시다. 중심지에서는 구매자와 공급자가 모두 필요하므로 활발한 미술 시장에 이끌려 많은 화가들이 플랑드르 공방을 비롯한 네덜란드 각지에서 파리로 모여들었다.

이런 흐름 속에서 네덜란드 회화를 중심으로 한 북방 미술은 초상화에서 묘사, 구도에 이르기까지 사실적으로 발전해 갔다.

그러나 중세를 지나 오랜 잠에서 깨어난 초상 예술이 단번에 사회 전 계층에서 꽃을 피운 것은 아니다. 단독 초상화가 그려지기 시작한 14세기에 그 대상은 높은 지위의 성직자, 왕족, 귀족, 상류층의 시민 계급 같은 엘리트층뿐이었다.

인물이 단독으로 그려진 만큼 개별성도 한층 더 요구되었는데, 안타깝게도 지금은 14세기의 초상화가 대부분 사라져 그러한 특징을 직접 볼 수가 없다.

이 무렵부터 높은 신분의 사람들은 자신처럼 신분이 높은 인물의 초상화를 수집하기 시작했다. 오늘날 우리가 사용하는 '갤러리'라는 말의 어원은 수집한 초상화를 전시한 '초상화 진열실'이었다. 즉 자신과 귀인들의 초상화는 그들의 영광을 영원히 간직하고 넓혀 주는 도구였던 셈이다.

또 신분이 높은 남자들은 자신이 사랑하는 여성(여러 애인의 초상화를 모아 사적인 공간에 진열했던 왕족도 있었다)의 초상화를 원했다. 언제나 똑같은 인간의 바람, 즉 사랑하는 사람의 모습을 영원히 간직할 수 있도록 만들어 늘 곁에 두고 싶어 하는 욕망이 바로 초상화 수집으로 표출된 것이다.

＊

　　지금까지 개인의 초상화 양식이 확립된 15세기까지의 서양 미술사에서 초상화가 어떻게 변모했는지 대략적으로 살펴보았다. 이제부터 15세기 이후 각 시대에 그려진 미녀들의 초상화를 감상해보자.

　　초상화 속 여성들의 모습을 서양 미술사와 연결해 살펴봄으로써 서양 미술을 더 친근하게 느낄 수 있을 것이다.

　　물론 '생판 남인 사람의 초상화를 보는 게 뭐가 재미있다는 거야?'라고 생각할 수도 있다. 나 역시도 과거에는 그랬다.

　　하지만 초상화를 여러 각도에서 감상하다 보면 그 속에 담긴 사랑과 욕망이 느껴진다. 서양 미술의 한 장르인 초상화가 당대를 살았던 귀인들의 인생과 밀접하게 연관되어 있기 때문이다.

　　'역사를 공부해야 하니 귀찮다' 또는 '난해해서 잘 모르겠다'고 생각했다면 꼭 미녀들의 초상화에 담긴 낭만의 세계로 한 걸음 들어와 보기 바란다. 그녀들이 인생에서 무엇을 추구했고, 초상화에는 무엇이 그려졌는지 등을 이해하는 데 도움이 되기를 바란다.

　　부디 이 책을 천천히 즐겼으면 좋겠다.

합스부르크가의
번영을 이룩한 미녀

마리 드 부르고뉴

〈마리 드 부르고뉴〉
미하엘 파허.
1479년.
하인츠 키스터즈 컬렉션
(스위스, 크로이츠링겐)

정략결혼의 책략

권력과 사랑은 어느 시대에나 역사를 움직이는 원동력이다. 미술사에 있어서도 다르지 않다.

아버지의 갑작스러운 전사로 초상화 문화가 번성했던 부르고뉴 공국의 상속인이 된 마리 드 부르고뉴(1457~1482년). 그녀도 당시의 많은 여성들처럼 시대의 권력자들에게 휘둘리는 삶을 살았다. 하지만 그녀의 짧은 생애에도 사랑은 있었다. 중세의 마지막 기사로까지 불리던 인물과의 사랑이었는데, 이는 훗날 유럽의 권력 지도를 새로 쓸 만큼 대단한 것이었다. 그녀의 초상화를 단서로 그 사랑의 역사를 거슬러 올라가 보자.

생전의 초상과 사후의 초상이 변함없이 아름답고 사랑스러운 마리는 15세기 후반 유럽에서 '가장 결혼하고 싶은 여성'으로 꼽혔다. 그런 그녀는 브뤼셀에서 부르고뉴 공국 최후의 군주인 샤를 용담공勇膽公(1433~1477년, 부르고뉴의 공작으로 실질적으로 부르고뉴를 통치한 마지막 공작. 용맹한 성품으로 용담공이라 불리었으나, '호담공', '대담공' 등으로 번역되기도 함—옮긴이)과 그의 두 번째 아내 이사벨 드 부르봉(1436~1465년) 사이에서 태어났다.

로히에르 반 데르 바이덴. 〈샤를 용담공〉.
1460년 경

부르고뉴 공국은 발루아 왕조의 프랑스 제 3대 국왕 샤를 5세(재위 1364~1380년)의 동생 필리프 용담공(1342~1404년)부터 4대에 걸쳐 현재의 네덜란드, 벨기에(플랑드르), 룩셈부르크, 프랑스 북부 및 프랑스 동부와 독일 서부를 지배한 공령公領이다.

1477년에 샤를 용담공이 전사하면서 남겨진 아름다운 상속인 마리를 점찍은 것은 다름 아닌 '세계적인 거미(교활한 외교가에다 대담한 전사였던 루이 11세는 그칠 줄 모르고 샘솟는 지략과 술수 때문에 거미왕이라 불리었음—옮긴이)'라고 불린 프랑스 왕 루이 11세(재위 1461~1483년)였다.

그는 마리를 자신의 외아들인 샤를 왕태자(훗날 샤를 8세, 재위 1483~1498년)와 결혼시켜 부르고뉴 공국을 그의 세력하에 넣고자 했다. 마리로서는 악몽 같은 이야기였다. 그래서 마리는 한 인물에게 편지를 써 도움을 요청했다. 상대는 바로 그녀와 약혼한 두 살 연하인 합스부르크가의 막시밀리안 1세(훗날 신성 로마제국 황제, 재위 1493~1519년)였다.

원래 이 약혼은 부모들 사이의 계략으로 성립된 것이었다. 당시 합스부르크가는 신성 로마제국 황제의 관을 받은 명문 일족이었음에도, 유럽의 변방 오스트리아에서 가난한 시골 귀족으로 살아가고 있었다. 샤를 용담공에게 있어 사랑스러운 딸 마리와 막시밀리안의 결혼은 재정 면에서는 부족한 상대였지만 신분 면에서는 오히려 그 반대였던 것이다. 부르고뉴 공가가 합스부르크가보다 아무리 부유하다 한들 그들은 '공가公家'일 뿐이었다. 샤를 용담공은 합스부르크가와의 혼인을 통해 신성 로마 제국 황제 자리에 오르거나 국왕의 자리를 받고자 했다.

어쨌든 마리의 청원을 받은 막시밀리안은 머나먼 부르고뉴까지 왔고, 마리는 단번에 이 금발의 키 큰 미남자에게 매료된다. 그녀에게 막시밀리안은 그야말로 백마 탄 왕자님이었고, 막시밀리안도 마찬가지로 아름답고 사랑스러운 마리에게 한눈에 빠져버렸다.

두 사람은 서로를 생각하고 사랑하는 부부로서 꿈같은 결혼 생활을 시작했다.

세련된 궁정 문화

막시밀리안은 천성이 활달하고 사교적이라 사람들과 친하게 지냈다. 누구든 매료시킬 만큼 그는 매력적이었다. 하지만 처음에 막시밀리안과 마리 두 사람 사이에는 모국어가 다르다는 언어의 문제가 있었다. 처음에 부부는 당시의 교양인들이 쓰던 라틴어로 대화를 했지만, 점차 서로의 모국어인 독일어와 프랑스어를 가르쳐 주게 된다.

그밖에도 막시밀리안은 부르고뉴 공국에서 프랑스어와 함께 쓰였던

정원에서 이야기를 나누는 막시밀리안과 마리

플랑드르어를 비롯해 용담공의 세 번째 부인인 잉글랜드 출신의 마거릿Margaret of York(1446~1503년)으로부터 영어도 배웠다.

그는 이후 스페인어와 이탈리아어, 헝가리어에 체코어까지 습득했다. 막시밀리안이 익힌 많은 언어는 영토를 확대해 가던 다민족 국가인 합스부르크 제국의 미래를 암시하는 듯도 하다.

시골 도시인 빈에서 온 막시밀리안은 부르고뉴 공국과 궁정의 높은 문화 수준에 놀라고 또 감탄했다. 그에게 공국의 우아하고 세련된 사람들은 친숙한 오스트리아의 궁정에 있는 가난하고 소박한 시골 기사들과는 동떨어진 존재들로 보였기 때문이다.

하지만 점차 오스트리아 시골 출신의 합스부르크가 사람들도 부르고뉴 공국의 세련된 문화를 흡수하여, 막시밀리안의 고향 빈에서도 서서히 우아한 문화가 발전하기 시작했다. 막시밀리안과 마리와의 결혼을 통해 합스부르크가는 세련된 궁정 문화의 기초를 다질 수 있었던 것이다.

　　　　　　　　＊

　　이제 다시 초상화로 돌아가 보자.

　　1479년에 티롤 출신의 화가 미하엘 파허(1435~1498년)가 그린 마리의
초상(24쪽)은 창작년도가 틀리지 않다면 그녀가 장남 필리프(1478~1506
년)를 출산하고 장녀 마르게리타(1480~1530년)를 임신한 전후의 모습이
다. 이 초상화는 스물두 살에 이미 어머니가 된 여인의 아름다운 모습을
담고 있다.

　　미하엘 파허는 파도바와 베네치아에서 이탈리아 르네상스 회화를 흡
수하고 가장 먼저 알프스 북쪽으로 옮겨온 화가였다. 따라서 그가 그린

마리의 초상도 이탈리아 초상
화의 전통을 따르고 있다. 고
대의 동전에서 보았던 측면상
으로 마리의 아름다운 옆모습
을 남겼다.

　　한편 마리의 사후에 그려
진 그녀의 초상화(오른쪽 그림)
는 북방 회화답게 4분의 3 각
도 정면상으로 표현되었다.
‘성 막달라 마리아의 전설적
인 거장’으로 이름을 남긴 이

〈마리 드 부르고뉴〉. 성 막달라 마리아의 전설적인 거장.
1515~1520년 경. 샹티이 성/콩데 미술관(프랑스)

화가는 1490~1525년 경에 브뤼셀에서 활동했다.

그가 그린 마리의 초상화는 1515~1520년 무렵의 작품으로, 그녀가 죽은 뒤 30년도 더 지나서 그려졌다. 아름다운 왕비로서 마리가 얼마나 사랑받았는지를 느낄 수 있다.

✿

비극적인 죽음에서 시작된 왕조 확대

초상화에서 아름다운 마리는 행복해 보인다. 그러나 상상도 할 수 없는 비극이 그녀를 기다리고 있었다.

두 아이와 함께 행복하게 지내던 1482년, 임신 중이었던 마리는 주위의 반대를 무릅쓰고 막시밀리안의 사냥에 동행했다가 낙마 사고를 당하고 만다. 말에서 떨어진 마리는 서둘러 브루제의 프린첸호프 궁전으로 옮겨지고, 죽음을 예감한 그녀는 유언장을 준비한다.

그녀는 필리프와 마르게리타를 부르고뉴 공국의 상속인으로 삼고, 필리프가 열다섯 살이 될 때까지 막시밀리안에게 공국의 통치를 위임하기로 했다.

사고가 일어나고 3주가 지난 3월 27일, 임종을 눈앞에 둔 마리는 자신을 따르는 황금 양모 기사단(Ordre de la Toison d'or: 1430년 부르고뉴의 공작 필리프 3세와 포르투갈의 공주 이사벨라의 결혼을 축하하기 위해 설립된 기사단- 옮긴이)의 기사들에게 눈물로 막시밀리안에게 충성할 것을 부탁했다. 그리고 결국 그날 밤, 자신의 두 손을 꼭 쥔 막시밀리안을 남겨둔 채

후안 데 플란데스. 〈필리프 미남공〉.　　　베르나르 반 오를레. 〈마르게리타〉.
1500년 경　　　　　　　　　　　　　　1515~1530년 경

스물다섯 살의 생애를 마감했다. 아름답고 행복했던 마리의 갑작스러운
죽음은 그녀를 자랑스럽게 여겼던 영지의 백성들에게 큰 충격을 주었다.
4월 3일에 치러진 마리의 장례식에는 사회 각 계층에서 1만5천 명의 사
람들이 참석했다고 한다.

　당연히 막시밀리안의 슬픔은 너무도 깊었다. 그의 남은 인생에서(나
중에 재혼을 하기는 해도) 마리만큼 사랑한 여성은 두 번 다시 없었다.

　하지만 마리의 죽음과 맞바꾸기라도 한 듯 그 후 합스부르크가는 유
럽 각지의 왕관을 차례대로 장악하게 된다. 돌이켜 보면 막시밀리안과
마리의 결혼이 출발점이었다고 할 수 있다.

티치아노, 〈뮐베르크의 카를 5세〉, 1548년 경.
프라도 미술관

그들의 자녀 필리프와 마르게리타는 스페인의 가톨릭 양왕兩王[카스티야 여왕 이사벨 1세(재위 1474~1504년)와 아라곤 왕 페르난도 2세(재위 1479~1516년)]의 자녀인 후아나 왕녀(1479~1555년) 및 후안 왕자(1478~1497년)와 각각 결혼을 약속하게 되었다.

마르게리타는 1497년 스페인의 후안 왕자와 결혼하지만 본래 허약한 체질인 후안은 행복한 신혼을 보내던 중에 갑자기 세상을 떠나고 만다. 더 이상 스페인에 있을 이유가 없어진 마르게리타는 1499년 가을에 오빠인 필리프 부부가 통치하는 고국으로 돌아가는데, 이 시점에 스페인 양왕의 직계 혈통은 필리프에게 시집온 후아나 왕녀밖에 없었다.

참고로 후아나 왕녀와 결혼한 필리프는 사후에 '미남공'으로 불릴 만큼 어머니 마리에게 물려받은 미모로 유명했다. 후아나는 그가 죽은 후 미쳐버릴 정도로 아름다운 남편 필리프를 뜨겁게 사랑했다.

이러한 필리프와 후아나 사이에 태어난 장남 카를로스(신성 로마 황제 카를 5세로 재위 1519~1556년, 스페인 왕 카를로스 1세로 재위 1516~1556년)가 후아나의 혈통을 이어받은 후계자로서 스페인 왕으로 즉위하며 스페인은 합스부르크가의 지배하에 놓이게 된다. 당시에 스페인을 지배하는 것은 나폴리, 시칠리아, 사르데냐뿐만 아니라 신대륙까지도 수중에 넣게 됨을 뜻했다. 게다가 할머니인 마리가 상속인이었기 때문에 네덜란드 역시 카를로스의 영토가 되었다.

계속되는 혼인정책

카를로스의 남동생인 페르디난트(1세. 신성 로마 황제로 재위 1558~1564년, 오스트리아 대공으로 재위 1521~1564년)는 오스트리아계 합스부르크가(카를 5세가 1556년 왕위에서 물러나며 스페인과 이탈리아, 네덜란드, 아메리카 대륙의 계승권은 아들 펠리페에게, 신성 로마제국의 황위와 독일, 오스트리아의 계승권은 동생 페르디난트에게 물려주어 합스부르크가는 스페인계와 오스트리아계로 나뉜다―옮긴이)의 초대 왕이 되었다. 페르디난트와 여동생 마리아는 부모인 필리프 미남공과 후아나의 결혼처럼 상대 형제와의 겹사돈을 통해 헝가리와 보헤미아의 왕위를 손에 넣었다. 1526년, 마리아와 결혼한 헝가리 왕 라요슈 2세가 후사도 없이 약관의 나이로 오스만 제국과의 싸움에서 전사하자 페르디난트가 왕위를 이었다.

이렇듯 겹겹이 엮인 혼인정책이 성공하며 합스부르크가는 유럽의 광대한 영토를 지배하게 된다. '다른 나라들은 전쟁을 치르게 하라. 그대, 운 좋은 오스트리아는 결혼을 하라'는 말은 당시의 합스부르크가를 잘 나타내고 있다. 이 가문이 탁월한 역량을 발휘한, 결혼을 통한 영토 확대 정

〈페르디난트 1세 왕비 안나〉, 1520년

Hans Bocksberger der Ältere,
〈페르디난트 1세〉, 16세기 중반 무렵

책은 막시밀리안과 마리의 결혼에서 시작되었다고 해도 과언이 아니다.

그 후 합스부르크가를 비롯한 유럽 왕가의 혼인정책을 보면 근친혼이나 나이 차가 많은 혼인, 바라지 않는 혼인 등 어두운 그림자가 맴도는 경우도 다수 있다. 하지만 막시밀리안과 마리의 연애와 결혼은 결과적으로 왕가의 번영이라는 성공을 체험했기에 가문의 감격이 깃들어 있는 듯도 하다.

1519년에 신성 로마 황제 막시밀리안 1세가 세상을 떠나자, 손자인 카를로스 1세가 신성 로마 황제 카를 5세로 즉위했다. 샤를 용담공의 입장에서 보면 증손자가 자신의 야심을 이루어준 셈이다.

🎋 그려지지 못한 초상화

이렇듯 막시밀리안과 마리의 사랑은 유럽뿐만 아니라 아메리카 대륙과 태평양까지 이어지는 영토를 다스리는 유럽 제일의 명문가를 만들어냈다.

뒤러가 그린 막시밀리안의 초상(아래 그림)은 그가 죽은 1519년에 그려진 것이다.

1518년, 뒤러는 아우구스부르크에서 열린 제국회의 때에 초크로 막시밀리안을 스케치했다. 그리고 이듬해 황제가 세상을 뜬 후에 그것을 바탕으로 초상화를 그렸다. 사복 차림의 막시밀리안이 왼손에 들고 있는 석류는 황제의 문장紋章이면서 동시에 부활을 상징한다.

많은 예술가를 후원한 것으로 유명한 막시밀리안은 그들이 일하는 모습을 보는 것을 좋아했다. 뒤러 역시 그로부터 연금을 지급받던 사람이다.

어느 날 사다리 위에서 작업을 하는 뒤러를 본 황제는 신하에게 사다리를 잡아주도록 명했다. 당시 알프스 북쪽에서는

뒤러, 〈막시밀리안 1세(60세경)〉.
1519년, 빈 미술사 미술관

화가를 낮은 신분으로 여겼기 때문에 귀족인 자신에게 사다리를 잡아주라고 한 것이 불만스러웠던 신하는 하인이 대신하도록 시켰다. 그러자 막시밀리안은 "황제인 나는 농부도 귀족으로 만들 수 있다. 하지만 귀족 중 누구 하나 뒤러만큼 뛰어난 예술적 재능을 가진 자가 있느냐!"며 신하의 오만함을 질책했다.

＊

막시밀리안은 사후 자신의 심장을 마리의 관에 넣어주길 바랐다고 한다. 25년이라는 짧은 생애를 살고 간 마리를, 그녀가 죽고도 37년을 더 살았던 막시밀리안이 얼마나 경건하게 사랑했는지 느낄 수 있는 대목이다. 만약 마리가 오래 살았다면 행복한 결혼생활 속에서 부부의 애정 넘치는 초상화가 그려지지 않았을까.

Isabella d'Este

제 **2** 장

열정적으로
르네상스를 살았던 미녀

이사벨라 데스테

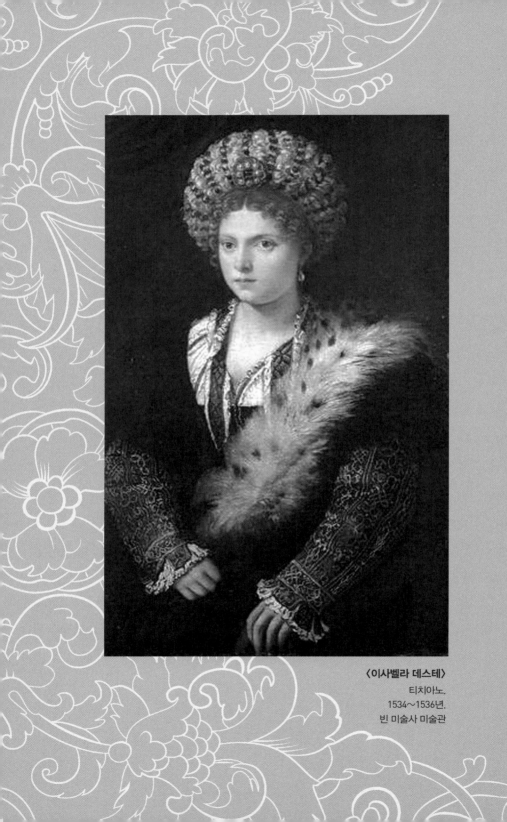

〈이사벨라 데스테〉
티치아노,
1534～1536년,
빈 미술사 미술관

이탈리아의 전통

알프스 북쪽과 남쪽의 초상화를 비교
해 보면, 북방회화에서는 전통적으로
세밀한 묘사에 능하며 사실성이 두드
러지는 데 비해(서장 참조) 고대 예술
의 본거지이자 르네상스의 발상지인
이탈리아에서는 이상적인 아름다움을
추구했다.

　서장에서도 썼듯이 중세 이후의
이탈리아에서 개인의 초상화가 탄생
한 것은 14세기에 들어서면서부터였
다. 그 예로 지오토가 스크로베니 예배
당에 그린 프레스코화 〈최후의 심판
〉(1305~1306년)이 있다.

　이 작품에는 기부자인 엔리케 스크
로베니가 성인들과 같은 크기로 그려

지오토 디 본도네. 〈크리스트傳: 최후의 심판〉.
1305~1306년. 프레스코. 스크로베니 예배당
(이탈리아. 파도바)
아래 / 기부자 엔리케 부분을 확대한 그림

마사초. 〈성 삼위일체〉.
1426~1428년.
산타 마리아 노벨라 성당(피렌체)

졌다. 또 같은 그림에서 지오토 자신의 모습도 그려졌다. 미술사에서 스크로베니를 그린 이 프레스코화를 최초의 개인 초상으로 보는 데서 알 수 있듯이 이탈리아 초상화의 시작은 종교 미술에 있었다.

그리고 그러한 점이 초기 르네상스 회화의 창시자라고 일컬어지는 마사초(1401~1428년)의 〈성 삼위일체〉에도 계승된다. 이 그림은 건축가 브루넬레스키의 도움으로 기하학적 원근법을 구사한 멋진 공간 구성 속에 기부자 도메니코 렌치 부부가 무릎을 꿇고 있다.

이탈리아의 초상화는 고대의 동전을 모델로 했기 때문에 피사넬로(1395년 경~1455년 경)의 초상화(41쪽)처럼 측면을 그리는 것에서 시작되었다. 이 에스테가의 공녀公子 지네브라 데스테(1419~1440년)는 리미니의 영주 시지스몬도 판돌포 말라테스타에게 시집을 갔지만, 1440년 그녀의 부정에 분노한 남편에게 독살당했다고 전해진다.

참고로 초상화에는 다양한 '상징'이 그려져 있는 경우가 많다. 이 작품에서 지네브라의 뒤에 흩어져 있는 것은 매발톱꽃이다.

이 꽃은 정령精靈을 상징하
며, 그 주위를 나는 나비들은 고
대부터 르네상스 시대에 이르기
까지 늘 영혼의 상징물이었다.
이 초상화는 그녀의 사후에 완
성된 것이라고 한다.

피사넬로, 〈지네브라 데스테의 초상〉,
1435~1449년 경. 루브르 박물관

르네상스와 북방 회화

플랑드르 회화의 영향으로 이탈
리아 반도에서도 서서히 4분의
3 각도의 정면상이 그려지기 시작한다.

그 첫 번째 예가 카스타뇨(1421년 경~1457년)의 〈어느 청년의 초상〉(1450
년 경)이다(42쪽). 15세기 후반에 들어 이탈리아는 플랑드르 회화에 열광
했다. 이탈리아의 화가들도 후원자들의 취향에 부응하기 위해 풍경과 의
복을 세밀하게 묘사하는 플랑드르 회화의 특징을 받아들였다. 초상화에
나타나는 사실적인 4분의 3 각도 정면상도 그런 특징 중 하나였던 것이
다. 이탈리아 르네상스 회화가 발전하는 데 있어 플랑드르 회화의 영향
이 적지 않았음을 알 수 있다.

다만 북방에서는 세밀한 묘사를 선호한 데 비해, 고대 예술을 본보기
로 삼았던 이탈리아에서는 이상적인 아름다움을 탐구하는 경향이 강했

안드레아 델 카스타뇨, 〈어느 청년의 초상〉.　　　산드로 보티첼리, 〈줄리아노 데 메디치의 초상〉.
1450년 경. 워싱턴 국립 미술관　　　　　　　　　1478년. 베를린 미술관 회화관

다. 또한 그려진 인물의 개성만이 아니라 화가의 예술적인 개성도 강하
게 나타나 있다.

　가령 보티첼리(1445~1510년)가 그린 메디치가의 귀공자 줄리아노
(1453~1478년)는 장신의 미남자로 피렌체 여성들의 동경의 대상이었다.
하지만 그는 1478년에 로마 교황 식스투스 4세(재위 1471~1484년)와 파치
가의 음모로 암살되고 만다. 그 멋진 사내의 모습을 메디치가의 후원을
받았던 보티첼리가 붓으로 뛰어나게 표현했다. 이처럼 르네상스 시대의
화가들은 후원자가 된 왕후, 귀족이나 대상인들과의 교류 속에서 새로운
문화를 축복하듯 화려한 초상 작품을 다수 남기게 된다.

당대 최고의 여성과 거장들

여기서 등장하는 이탈리아 미녀들의 초상화 중 대표적인 작품은 누가 뭐라고 해도 이사벨라 데스테(1474~1539년)의 것이다. 같은 에스테가의 공녀로 남편에게 독살당했다는 이야기가 전해지는 지네브라 데스테의 조카인 그녀는 재색을 겸비한 것으로 유명하며 르네상스를 대표하는 최고의 여성이라 일컬어진다. 에스테가는 르네상스 문화의 발전에 공헌한 가문으로, 오랜 기간에 걸쳐 이탈리아의 문학과 예술을 후원한 것으로도 알려져 있다.

피사넬로와 피에로 델라 프란체스카(1415년 경~1492년)도 에스테가를 위해 작업을 했다. 이런 시대와 환경 아래서 살았던 이사벨라 데스테의 초상화는 초상화가 그들의 신분·권력·재력뿐만 아니라 후원자와 화가의 관계, 심지어 심미안과 교양을 과시하는 수단으로서도 작용했음을 생생하게 전해준다.

1490년에 열여섯의 나이로 만토바의 후작 프란체스코 2세 곤차가(1466~1519년)에게 시집을 간 이사벨라는 대외적으로 남편을 능가하는 정치적·외교적 수완을 발휘했다. 또 그녀가 다스리는 만토바에는 파도바의 화가 안드레아 만테냐(1431~1506년) 등이 그녀의 후원을 구하며 모여들기도 했다. 그 정도로 영향력이 있던 그녀는 자신의 지위에 어울리는 르네상스의 대표 화가 두 명, 레오나르도 다 빈치(1452~1519년)와 티치아노(1488/90~1576년)에게 초상화를 의뢰했다.

참고로 이사벨라의 여동생 베아트리체(1475~1497년)는 1491년에 밀라노의 루드비코 스포르차 공작(통칭 루드비코 일 모로, 1452~1508년)과 결혼했는데, 그는 레오나르도의 후원자였다고 한다. 사실 처음에 루드비코는 이사벨라에게 구혼했다. 하지만 그녀는 이미 만토바 후작과 약혼한 상태였기 때문에, 대신 그는 베아트리체에게로 눈을 돌렸다. 그리고 루드비코와 베아트리체의 결혼식 축제를 레오나르도가 총괄했다. 결혼식에 참석했던 이사벨라가 여동생을 부러워하며 경쟁심을 가졌을 거란 사실을 쉽게 상상할 수 있다.

그녀는 밀라노의 높은 수준의 궁정 문화에 큰 자극을 받았고, 자신의 교양과 문화 수준을 높이는 데 의욕을 불태우기 시작한다. 그리하여 이사벨라의 시집인 만토바의 궁정에도 많은 문화인이 모이게 되었고, 그녀 자신도 미술품 수집에 매진했다.

미완성의 스케치

하지만 결코 재정이 넉넉하지 않은 곤차가가의 여주인이었던 이사벨라는 '예술의 후원자'라는 명성과 달리 절대 '손이 큰 후원자'는 아니었던 듯하다. 그래서인지 레오나르도는 1500년에 만토바에 들렀지만 오래 머무르지 않았다. 그 결과, 그가 남긴 이사벨라의 초상은 45쪽에서 보듯이 미완성의 스케치로 남았다.

레오나르도 다 빈치. 〈이사벨라 데스테〉.
1500년. 루브르 박물관

손님으로서의 예의 때문인지 레오나르도는 초크(chalk)를 들고 이사벨라의 초상을 그렸지만, 만토바를 떠난 후에 완성해 보내야 할 초상화를 집요한 재촉에도 불구하고 결국 완성하지 않았다. 당시의 그는 오늘날의 슈퍼스타 같은 존재였기 때문에 작은 만토바의 후작부인인 이사벨라의 후원에 기댈 필요가 없었던 것이다. 이사벨라 역시 당대 제일의 화가에게 무리한 요구를 할 만큼 재력을 갖고 있지 않았다.

그녀는 자신이 가진 '예술을 후원하는 우아하고 아름다운 후작부인'의 이미지를 소중히 여겼다. 그래서 만토바 후작이 데리고 있던 냉철한 사실주의로 유명한 화가 만테냐의 재능을 높이 샀음에도 자신의 초상화를 그리게 하지는 않았다. 사실 초상화를 그리는 데 사실주의를 선호하는 여성은 드문 법이다. 르네상스를 대표하는 재색을 겸비한 여성도 마찬가지였나 보다.

이사벨라는 세련된 패션 센스로도 유명했다. 그녀는 베네치아에 드레스와 보석 등 다양한 물품을 주문했는데, 그 가운데는 앞에서 이야기한 티치아노가 그린 초상화도 있었다. 만테냐의 사실주의 초상화에서는 찾을 수 없는 화풍, 즉 모델의 모습을 사회적 신분에 어울리게 이상적으로 그리는 티치아노의 그림이 그녀의 마음에 들었음을 짐작할 수 있다.

지는 해, 새로운 생활

그런 이사벨라도 정작 중요한 부부생활에서는 남편의 사랑을 잃게 된다. 프란체스코는 무엇이든 스스로 주도하는 이사벨라에게 사랑스러움을 느낄 수 없었다. 그 결과 마흔이 된 이사벨라는 남편에게서도, 그리고 정치의 줄다리기에서도 거리를 두기로 한다. 합리주의를 선호하는 르네상스 시대의 여성 이사벨라는 비극의 여주인공으로 비탄에 잠기기보다는 긍정적으로 살았다.

인생의 절정기를 지난 그녀는 이탈리아 반도 제일의 도시 로마로 향했고, 영원한 수도는 재색을 겸비한 숙녀를 대환영했다. 메디치가 출신의 로마 교황 레오 10세(재위 1513~1521년)도 바티칸에서 이사벨라를 크게 환대했다. 원래 이 교황은 화려한 것을 좋아하고 파티를 즐기기로 유명했다. 로마에서는 카스틸리오네(1478~1529년) 같은 문화인들도 그녀의 도착을 기다리고 있었다. 물론 그녀가 로마에 매혹된 것은 사교생활 때문만은 아니다. 로마의 고대 유적과 최신 예술이 예술의 후원자임을 자부하는 그녀를 열중하게 했던 것이다.

이사벨라는 장남 페데리코 2세(1500~1540년)를 위해서도 만토바를 후국(侯國: 후작이라고 불리는 군주를 국가 원수로 삼는 유럽의 작은 나라. 후작이 다스리는 후국보다 공작이 다스리는 공국이 더 상위에 있음—옮긴이)에서 공국으로 끌어올리고자 최선을 다했다. 덕분에 1530년부터 아들 페데리코 2세는 초대初代 만토바 공작이 될 수 있었다. 나이가 들어 미망인이 된 이사벨라는 아들과 국정으로부터 멀어졌다. 그럼에도 건설적인 그녀는 서재에서 수많은 미술품에 둘러싸여 지내는 한편, 로마냐 지방에 있는 솔라롤로라는 작은 지역을 그녀의 생각대로 훌륭히 다스린다.

이렇게 마지막까지 르네상스 시대를 상징하는 여성답게 건설적이고 합리적으로 살았던 이사벨라는 1539년 2월 13일에 예순다섯의 생애를 마감했다. 그 무렵 그녀가 너무도 사랑했던 르네상스의 봄바람은 이탈리아에서 알프스를 넘어 프랑스 땅에도 불기 시작했다.

인간성을 반영한 초상화

르네상스 시대에 그려진 대표적인 초상화 몇 가지를 살펴보자.

이사벨라가 로마에서 교류했던 외교관이자 문학자인 귀족 카스틸리오네는 르네상스 시대를 대표하는 정치인이다. 그는 《궁정인Cortegiano》의 저자로도 알려져 있다.

친구인 라파엘로(1483~1520년)가 그린 이 초상화의 눈빛과 표정에서 지성, 교양, 품격, 고상함 같은 인간이 가질 수 있는 최고의 자질을 엿볼 수 있다. 자연체로서 카스틸리오네의 존재감을 드러낸 이 작품은 초상화

의 걸작으로 유명하다.

일류 초상화란 당사자와 닮은 것
은 물론이고 그의 사회적 신분에 걸
맞게 대상을 이상화시키는 동시에 인
간성도 드러내야 한다. 그런 의미에
서 카스틸리오네의 이 초상은 초상화
의 모범으로서 후세의 화가들에게 명
성이 높았다.

라파엘로. 〈발다사르 카스틸리오네의 초상〉.
1514~1515년 경. 루브르 미술관

재원(才媛)의 기품을 보여주는 여성

레오나르도가 그린 초상화로는 현재 루브르 박물관에 소장되어 있는
〈모나리자〉(1503~1506년)가 가장 유명하다. 그런데 〈모나리자〉와 어깨
를 나란히 하는 레오나르도의 대표적인 초상화가 바로 체칠리아 갈레라
니를 그린 작품이다.

체칠리아(1473~1536년)는 루드비코가 베아트리체와 결혼하기 전의 애
인이었다. 이 그림이 그려졌을 때는 불과 열입곱 살 정도였음에도 이미
재색을 겸비한 여성으로 칭찬이 자자했다. 참고로 흰 담비는 스포르차
가문의 상징임과 동시에 자신의 몸이 더러워지는 것을 싫어하는 동물이
라는 점에서 순결을 상징하기도 했다. 또 흰 담비를 뜻하는 그리스어 '갈

레오나르도 다 빈치.
〈흰 담비를 안고 있는 여인 (체칠리아 갈레라니)〉.
1490년 경.
차르토리스키 미술관(폴란드)

레'는 그녀의 성 갈레라니를 가리킨다.

레오나르도가 이 그림을 그리던 당시 체칠리아는 궁정의 후원을 받던 지식인들을 모았고 레오나르도와 대화를 즐겼다. 어리면서도 성숙한 기품이 넘치는 표정을 통해 레오나르도가 그녀를 높이 평가했음을 알 수 있다.

체칠리아가 초대한 지식인들과 예술가들의 모임은 유럽 살롱 문화의 시작으로 여겨진다. 하지만 루드비코와 베아트리체가 정략결혼한 후, 그녀는 지참금과 함께 궁정을 떠나 베르가미니 백작과 결혼했다.

성모에 비견할 만큼
아름다웠던 여인

아네스 소렐

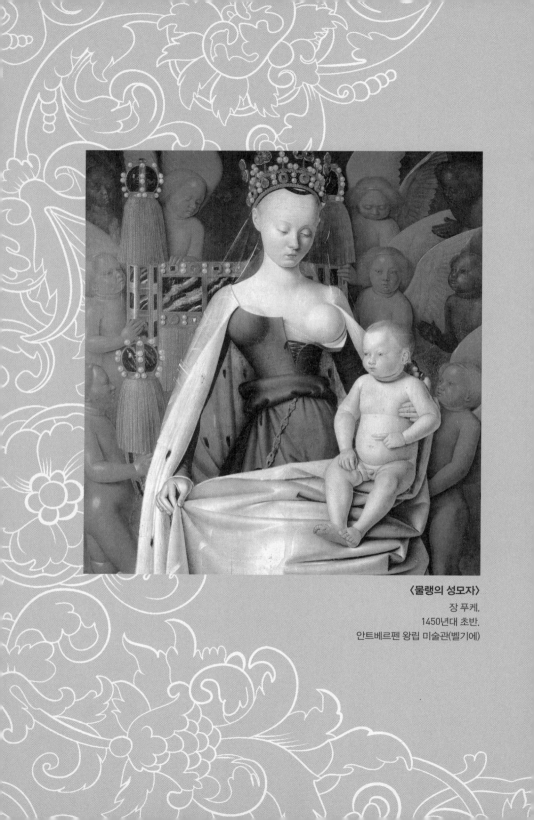

〈물랭의 성모자〉
장 푸케.
1450년대 초반.
안트베르펜 왕립 미술관(벨기에)

궁정 '전통'의 시작

이제 프랑스로 무대를 옮겨보자.

시대를 막론하고 프랑스 사람들은 연애에 있어 세련되고 능숙한 듯하다. 왕의 애인을 공식화하고 그림자 같은 존재에서 조명받는 존재로 만든 것도 프랑스였다. 그중 첫 번째가 바로 프랑스 왕 샤를 7세(재위 1422~1461년)의 공식적인 총희寵姬인 아네스 소렐(1421~1450년)이다.

샤를 7세는 1422년에 인사치레로라도 아름답다고 하기 힘든 외모의 사촌 마리 당주(1404~1463년)와 결혼했다. 둘 사이에는 열두 명의 아이가 태어났지만, 왕은 여성 편력이 심했다. 말하자면 프랑스의 많은 가정과 미혼 여성을 불행하게 만든 '업이 많은' 남자였다.

그런 샤를 7세가 아네스 소렐을 만나 열렬한 사랑에 빠진 것은 1443년, 왕이 마흔 살, 아네스가 스물두 살 즈음이었다. 아네스는 군인인 장 소로와 베르뉴의 성주 카트린 드 메뉼레의 딸로 태어나, 왕비 마리 당주의 남동생인 르네 당주(1409~1480년) 밑에서 그의 아내인 이자벨 드 로렌(1400~1453년)의 시녀로 일하고 있었다. 왕은 눈에 띄게 아름답고 지적인 아네스에게 한눈에 매료되었다. 그리고 그녀에게 푹 빠져 아네스를 자신

장 푸케, 〈샤를 7세〉. 1444/45년 또는 1450년 경.
루브르 박물관

의 애인으로 삼았다.

결국에는 왕비 마리 당주도 아네스의 존재를 알아차리게 된다. 왕비는 마음 깊이 샤를 7세를 사랑하고 있었지만, 당시 그녀의 나이는 이미 한창 때를 지났다고도 볼 수 있는 마흔 정도였다. 그녀는 젊고 아름다운 데다 뛰어난 몸매를 자랑하는 아네스와 여성적인 매력으로 경쟁할 수 없음을 깨달았다. 그녀는 고귀한 여성답게 차분한 태도로 아네스의 존재를 우아하게 인정했다.

아네스 소렐은 프랑스의 궁정에서 '공인된 총희'라 불린 최초의 존재였던 것이다.

샤를 7세를 매혹시킨 아네스는 호사스러운 생활을 하며 궁정에서도 사실상 왕비처럼 행동하고 정치에도 관여했다. 이렇게 프랑스 왕의 공인된 첩은 프랑스 혁명으로 절대왕정이 무너지기 전까지 공식적으로 왕을 모시는 직무를 갖게 되었다. 샤를 7세는 아네스의 곁을 한시도 떠나지 않았다. 아네스는 점차 궁정의 다른 사람들이나 일반 백성들로부터 미움을 받게 되었다. 왕비가 아니라 왕의 애첩이 증오의 대상이 되는 프랑스의 '전통'도 그녀 때부터 시작된 것이다.

하지만 나쁜 점만 있는 것은 아니었다. 아네스는 일부 신하들처럼 샤를 7세의 약한 성격을 조장하지 않고, 오히려 왕에게 용기를 주고 분발하게 하면서 정무를 도왔다. 그녀는 사랑뿐만 아니라 정무의 세계에서도 왕에게 강한 영향력을 가지고 있었다고 하겠다.

샤를 7세가 별장을 하사하고, 그 별장의 이름을 따서 부를 만큼 사랑했던 아네스 소렐. 장 푸케(1415/20년 경~1480년 경)가 아네스를 성모의 모델로 삼아 그린 제단화祭壇畵에서 그녀는 아름다운 가슴을 강조한 드레스로는 성에 차지 않아 한쪽 유방을 드러내놓고 있다(작품 자체는 아네스의 사후에 그려진 것이다). 당연히 왕비를 비롯해 궁정 사람들로부터는 빈축을 샀지만, 샤를 7세는 이 제단화를 보고 대단히 기뻐했을 것임을 쉽게 상상할 수 있다.

독살 소문

아네스와 만난 이후에도 그녀 하나만 바라볼 수 없었던 샤를 7세는 여러 가지 형태로 미안함을 보상하려고 애썼다. 수많은 선물도 그 일부인데, 그중에는 다이아몬드 장식품도 있었다. 당시까지

아네스가 살았던 로슈 성

아네스의 관(생 우르스 교회)

남성의 장식품이었던 다이아몬드를 처음으로 몸에 걸친 여성으로서 아네스는 장식사에도 이름을 남기게 되었다. 다만 당시의 다이아몬드는 지금처럼 잘 다듬어졌던 것은 아니고, 루비나 에메랄드에 비해 가격이 싼 보석에 불과했다.

그녀는 샤를 7세와의 사이에서 세 명의 딸을 얻었다. 그리고 넷째를 임신한 상태에서 원정 중인 왕의 부름을 받고 노르망디로 향하던 길에 병으로 쓰러져 1450년 2월 9일에 스물여덟의 나이로 죽음을 맞이했다.

탄식하며 슬퍼하던 샤를 7세는 아네스가 독살을 당했다고 의심하고는 재무관 자크 쿠르(1395~1456년)에게 범죄 혐의를 씌운다. 이는 막대한 재산을 모은 자크 쿠르에 대한 반감 때문이었다. 자크 쿠르는 재산을 몰수당하고 금고형에 처해진다. 역사적으로도 샤를 7세는 은인인 잔 다르크(1412~1431년)를 죽게 내버려두었다고 여겨지듯이 이렇게 당장의 편안을 취하는 경향이 있었다.

하지만 아네스가 비소 중독으로 사망한 것은 사실이다. 실제 범인은 부왕에 대한 그녀의 영향력을 우려한 왕태자 루이(훗날의 루이 11세, 재위 1461~1483년)라는 설이 있다. 부왕과 대립했던 왕태자는 아네스가 가진 영향력을 두려워했을 뿐만 아니라, 어머니인 마리 당주를 슬프게 하는 그녀의 존재 자체를 마음 깊이 미워했던 것이다.

아네스가 죽은 후 샤를 7세는 그녀에게 공작부인의 작위를 하사하고, 고위 귀족들만 매장되는 묘소에 묻었다.

이렇게 '아름다운 그대'로 불렸던 총희를 잃은 샤를 7세는 늙어서 왕태자 루이와 불화에 시달리며, 아네스처럼 독살당하지 않을까 두려워한 나머지 식사를 거부하다가 굶어 죽었다고 전해진다.

❧

공인된 총희의 충성

58쪽의 그림은 무명의 화가가 그린 아네스 소렐의 초상화다. 아네스는 충실함을 상징하는 개에 손을 올려놓고 있다. 왕에 대한 자신의 애정과 충성심을 표현한 것이다. 이러한 상징물을 그린 것과 인물을 어두운 배경에 묘사한 것은 네덜란드 회화의 영향이다.

프랑스에서 네덜란드의 화가들은 오랜 기간 매우 큰 영향을 끼쳤다. 프랑스 왕후와 귀족들의 수요, 북유럽에서 손꼽히는 대도시 파리의 활성

〈아네스 소렐〉. 15세기. 앙제 미술관

화된 미술시장은 많은 네덜란드인 화가를 프랑스로 끌어 모았다. 훗날 미술사에서 프랑스의 화가로 간주된 네덜란드 출신의 화가도 적지 않다.

＊

15, 16세기의 프랑스를 대표하는 두 명의 뛰어난 여성에 대해서도 알아보자. 사부아 공작

필립포 2세(1443~1497년)의 딸 루이즈 드 사부아(1476~1531년)는 당시의 프랑스 궁정에서 가장 명석하고 교양 있는 인물로 평가받았다. 루이즈는 샤를 7세의 손녀이자 궁정의 실력자였던 안느 드 보주(1461~1522년)의 주선으로 앙굴렘 백작 샤를 도를레앙(1459~1496년)과 결혼해 마르그리트(1492~1549년)와 프랑수아(1494~1547년, 훗날 프랑스왕 프랑수아 1세, 재위 1515~1547년)를 낳았다. 둘의 결혼생활은 샤를의 두 애인, 그리고 아이들과 함께 앙굴렘 성에

〈루이즈 드 사부아〉. 16세기

서 동거하는 등 현대인의 상식으로
는 이해하기 어려운 측면도 있다.

그런데 프랑수아가 태어나고 2
년 후, 루이즈가 스무 살 때 남편인
샤를이 사망한다. 이후 루이즈는 아
이들의 장래를 생각해 샤를의 사촌
인 루이 12세(재위 1498~1515년)의
궁정으로 거처를 옮기고, 아이들에
게 이탈리아의 최신 인문주의 교육
을 받도록 하는 등 열정을 쏟는다.

아들이 없었던 루이 12세의 뒤를
이은 사람이 바로 프랑수아였다. 왕

레오나르도 다 빈치. 〈모나리자(라 조콘다)〉.
1503~1506년. 루브르 박물관

위를 이어받은 그는 루이즈의 교육 덕분에 이탈리아에서 레오나르도를
비롯한 예술가들을 초빙하는 등 이탈리아보다는 백년이 늦지만 프랑스에
서도 르네상스 문화를 꽃피운다. 루이즈의 노고는 아들이 프랑스 왕으로
즉위함으로써 보상받은 셈이다.

참고로 레오나르도 다 빈치의 대표작 〈모나리자〉(1503~1506년)가 왜
이탈리아가 아닌 파리의 루브르 박물관에 있는지 의아해하는 사람도 있
을 것이다. 실은 레오나르도가 프랑수아 1세의 초대로 프랑스로 올 때
〈모나리자〉를 가져왔기 때문에, 그가 프랑스에서 객사한 후에 프랑스 왕
가의 재산이 된 것이다.

이후로도 왕이 된 아들이 국내에 없을 때는 정치적, 외교적 수완이 뛰

장 클루에.
〈마르그리트 드 나바르〉.
1530년 경.
워커 미술관(리버풀)

어났던 루이즈가 섭정을 맡았다. '위대한 사내 뒤에는 여자가 있다'고들
하는데 프랑수아 1세의 경우 바로 어머니가 그런 존재였다고 하겠다.

참고로 루이즈의 장녀인 마르그리트의 손자가 부르봉 왕조의 창시자
인 나바르의 앙리(앙리 4세)다. 그리고 앙리의 첫 부인이 프랑수아 1세의
손녀 마르그리트 드 발루아(1553~1615년)이니, 루이즈가 역사에 얼마나
큰 영향을 주었는지 알 수 있다.

위의 그림은 루이즈 드 사부아의 딸이자 프랑수아 1세의 누나인 마르
그리트 드 나바르(1492~1549년)의 초상이다. 그녀 역시 어머니처럼 상당
한 교양을 지닌 여성으로 문학과 예술의 후원자였으며, 스스로도 단편
소설과 시를 집필했다. 마르그리트가 손에 든 앵무새는 뛰어난 화술을

상징하는데, 이는 그녀가 얼마나 높은 수준의 교양을 가졌는지를 나타낸다.

16세기의 유럽에서는 세밀 초상화가 유행했다. 세밀 초상화란 주로 기념 증정용으로 소규모로 제작된 정밀한 초상화를 말한다. 당시 대부분의 초상화가들은 니콜라스 힐리야드(1547~1619년)나 프랑수아 클루에(1515년 경~1572년)처럼 세밀 초상화도 그렸다.

Diane de Poitiers

제 **4** 장

역경에 굴하지 않는
영원한 아름다움

디안 드 푸아티에

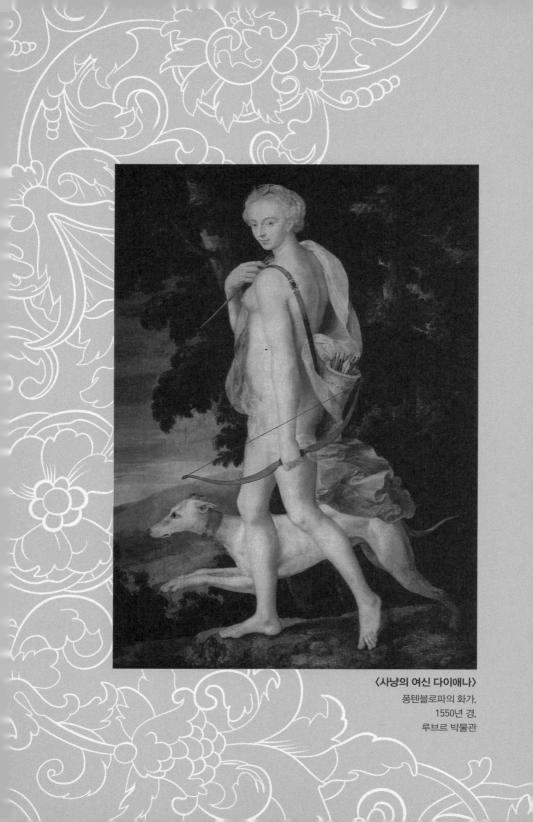

〈사냥의 여신 다이애나〉
퐁텐블로파의 화가.
1550년 경.
루브르 박물관

그리스 신화의 여신으로 표현되다

디안 드 푸아티에(1499~1566년)가 같은 이름의 달과 사냥의 여신으로 표현됨으로써(디안은 달과 사냥의 여신 다이애나의 프랑스 이름—옮긴이) 나체를 그리는 것이 정당화되었다.

15세기에 프랑수아 1세가 레오나르도 다 빈치를 이탈리아에서 프랑스로 초빙하는 등 프랑스는 이탈리아로부터 르네상스 문명을 '수입'하기 시작한다. 그 결과 프랑스 예술에 지중해 특유의 개방성과 관능성이 도입된다. 이 초상화는 프랑수아 1세가 세상을 뜰 즈음에 프랑스에도 르네상스 문화가 뿌리내렸음을 잘 드러내는 작품이라고 하겠다.

르네상스 시기의 고전 부흥 이후, 신화를 주제로 한 그림은 나체를 그리는 구실이 되었다. 참고로 디안의 수직성이 강조된 몸매는 이탈리아 마니에리즘(르네상스 직후에 볼 수 있던 기교에 치중한 미술표현)의 특징임과 동시에 13세기 중반 이후의 프랑스 궁정이 선호한 '우아優雅 양식'이 훌륭하게 융합된 결과다.

르네상스는 '문예부흥'으로 번역되듯이 크리스트교의 어두운 지배로부터 벗어나 그리스 로마시대의 문화를 받아들인 운동을 말한다. 앞의 아네스 소렐의 초상화와 비교해 보자. 마침 딱 100년 정도의 시간이 지났다.

그렇다. 아네스 소렐은 크리스트교의 성모에 비견되었지만, 디안은 고전문학의 여주인공인 이단異端의 여신으로 분扮했다. 여기서도 16세기에 르네상스 문화가 프랑스로 건너오면서 프랑스 궁정 문화와 교양의 수준이 높아졌음을 알 수 있다. 이 우의寓意적인 초상화가 그려질 때 디안은 쉰에 가까웠다. 그럼에도 이름이 같은 불로불사의 처녀신과 하나가 되어 젊게 빛나고 있다.

누구보다도 아름답고 싶다

16세기의 프랑스 궁정을 수놓은 대표 귀부인으로는 디안 드 푸아티에 외에 다른 사람을 떠올릴 수가 없다.

디안 드 푸아티에는 1499년 9월 3일에 프랑스 남동부의 오랜 명문귀족 가문에서 태어났다. 그녀의 어머니는 피렌체의 메디치가와 인척관계에 있었다.

4남매 중에서 아버지에게 가장 많은 사랑을 받은 디안은 어렸을 때부터 사냥이나 승마를 하는 아버지를 따라다녔다. 이 시절부터 승마를 할 때는 햇볕에 그을리거나 나뭇가지가 닿는 것을 피하기 위해 검은 비로드(벨벳 재질) 마스크를 썼다고 한다. 그것은 당시 숙녀의 상식이었다. 그녀는 성인이 된 후에도 이른 아침에 승마를 즐겼는데, 역시나 마스크를 잊지 않았다. 그녀로서는 흰 피부를 유지하기 위한 노력을 절대 게을리할 수 없었던 듯하다.

그밖에도 그녀는 아버지로부터 아침 일찍 우물의 물을 끼얹는 건강법을 배웠고, 이를 평생 지켰다. 이는 당시로서는 이례적인 습관이었다. 쉰을 넘어서도 아름다웠던 디안의 미모는 어린 시절부터 계속된 습관과 노력의 결과였던 것이다. 식생활 역시 당시의 육식 위주 식사보다는 채소와 과일을 즐겼다고 한다. '로마는 하루아침에 만들어지지 않는다'는 말처럼 '아름다움은 하루아침에 만들어지지 않는다'는 것을 보여주는 듯하다.

나이가 들어서도 얼굴에 주름이 생기지 않도록, 혼자 잘 때면 부드러운 베개를 겹쳐 상반신을 세운 상태로 잤다고 하니 그 노력이 참으로 대단하다.

궁정에서 얻은 신뢰

물랭의 화가. 〈안느 드 보주(제단화 부분)〉. 1500년 경. 물랭 대성당

당시 프랑스 귀족의 딸은 일찍부터 교양 있는 고귀한 여성의 집에서 교육을 받는 풍습이 있었다. 디안도 여섯 살때 프랑스 왕 샤를 8세(재위 1483~1498년)의 누나인 안느 드 보주(1461~1522년) 밑에서 지내게 된다. 훌륭한 교양을 지닌 안느의 궁정에서 라틴어와 그

프랑수아 클루에. 〈프랑수아 1세〉. 1535년 경.
루브르 박물관

리스어를 배우고, 궁정의 법도와
관례를 익혔다. 그리고 디안은 안
느를 보며 교양뿐만 아니라 귀부
인으로서의 품격도 배웠다.

　1515년, 프랑스 왕위는 루이
12세에서 루이즈 드 사부아의
아들 프랑수아 1세에게로 계승
되었다. 그리고 열다섯 살의 디
안에게도 결혼이라는 큰 변화가
찾아온다. 그녀의 결혼상대로
안느가 선택한 사람은 디안보

다 서른아홉이나 연상인 노르망디 대총독 루이 드 브레제 백작(1460년 경
~1532년)이었다. 루이는 명문 부르봉가의 친척으로 몰르브리에 백작이
자 아네의 영주였다. 또한 샤를 7세와 아네스 소렐의 손자였다.

　참고로 프랑스에서는 귀족의 젊은 딸이 아버지보다 연상인 장년의 남
성(루이는 디안의 아버지보다 열두 살이 많았다)과 결혼하는 일이 결코 드물
지 않았다. 루이에게 디안은 두 번째 부인이었다.

　프랑수아 1세로부터 두터운 신뢰를 받으며 왕의 측근으로 일한 루이
드 브레제는 명문 혈통과 막대한 재력을 자랑했지만, 새우등인 데다 외
모가 미남과는 거리가 멀었다. 그러나 젊지만 현명한 디안은 결혼이 정
열의 산물이 아니라 계획적 약속임을 알고 있었다. 둘은 파리에서 결혼
식을 올린 후, 노르망디에 있는 아네 성에서 신혼시절을 보냈다. 이곳은

사냥을 하기에 최적의 장소여서 부부가 같이 취미로 사냥을 즐겼다.

남편 루이가 왕의 측근이었던 것처럼 디안 역시 선왕 루이 12세의 딸이자 프랑수아 1세와 결혼한 왕비 클로드(1499~1524년)의 시중을 들었다.

활발하고 교태가 넘치는 프랑수아 1세의 궁정 안에서 디안은 바람기 많던 왕이 "바라보면 즐겁고, 알면 정숙하다."고 말하는 존재였다.

이 프랑수아 1세는 이탈리아에 진군했을 때 최신 르네상스 문화에 매료되고 만다. 레오나르도 다 빈치를 프랑스로 초빙했듯이 아름다운 것에는 사족을 못 쓰는 사람이었다. 비단 예술품만이 아니라 여성에 대해서도 그랬다. 하지만 왕의 궁정에는 아름다운 귀부인들이 많았기 때문에 정숙한 것으로 평판이 난 디안에게 빠지지 않고도 왕은 충분히 만족을 얻을 수 있었다. 방탕한 궁정에서 결코 아름답다는 이야기를 듣지 못한 왕비 클로드가 덕이 높은 디안을 신뢰했음은 쉽게 짐작할 수 있다.

인질이 된 왕자들

1524년 7월, 왕비 클로드는 25년도 채 안 되는 인생에 막을 내린다. 남편과의 정사情事에 너무 신경을 쓴 데다, 8년이라는 결혼생활 동안 일곱 명의 아이를 출산한 탓에 기력이 다한 것이었다.

하지만 왕비의 죽음을 계속 슬퍼할 만큼 궁정에는 여유가 있지 못했다. 이듬해 3월 프랑수아 1세가 파비아 전투에서 숙적인 스페인의 카를 5세의 포로가 되어 마드리드 교외로 유폐되었기 때문이다. 이에 프랑수아의 어머니이자 왕가의 중심이었던 루이즈 드 사부아는 디안에게 자신의 손자들을 부탁한다. 어머니인 클로드 왕비가 하늘로 떠나고 부왕도 붙잡힌 몸이 되어버린 왕자들을 디안은 부드럽고 다정하게 돌보았다.

결국 1526년에 마드리드 평화조약이 체결되면서, 프랑스는 프랑수아 1세와 맞바꾸는 조건으로 두 명의 왕자 프랑수아(1518~1536년)와 앙리(1519~1559년)를 무기한 인질로 마드리드로 보낸다. 또한 프랑수아 1세는 카를 5세의 누나인 엘레오노르(1498~1558년)와 재혼하기로 결정된다. 엘레오노르는 첫번째 왕비 클로드와 마찬가지로 프랑수아 1세의 취향과는 거리가 먼 타입의 여성이었다. 신앙심이 깊고 외모가 뛰어나지 않은 수수한 부인들이 화려한 방탕자 프랑수아 1세의 인연이었나 보다.

인질 교환은 프랑스와 스페인의 국경에 있는 비다소아 강의 중주中州에서 이루어졌고, 왕자들은 부왕과 맞바꿔져 이국으로 길을 떠났다.

스페인에 인질로 잡혀간 여덟 살과 일곱 살의 두 왕자는 왕족에게 어울리지 않는 시간을 보냈다. 그들을 따라다니는 옥지기만이 스페인 사람이었고, 가정교사도 없다 보니 모국어를 잊어버릴 정도였다. 이 중 앙리 왕자는 스페인으로 떠날 때 작별의 키스를 해준 아름답고 상냥한 디안을 작은 가슴에 품고 4년이라는 암흑의 시간을 황폐한 성에서 보냈다.

스페인에 잡혀 있던 왕자들에 대한 감시가 더욱 엄격해진 것은 무사히 프랑스로 돌아간 프랑수아 1세가 마드리드 평화조약을 무효로 만든 뒤였다.

이런 와중에 태평하게도 프랑수아 1세는 재색을 겸비한 미녀 스물일곱 명을 선발해 왕을 곁에서 모시는 여신하단女臣下團 '라 프티트 방드la

petite bande'를 결성했다.

1529년에 프랑수아 1세는 카를 5세와 새로이 캉브레 강화조약(귀부인 조약)을 맺고, 이듬해에 드디어 엘레오노르가 스페인에서 시집을 온다. 이때 두 왕자에게도 겨우 귀국이 허락되었다.

디안은 새로이 모시게 된 왕비 엘레오노르와 왕자들 일행을 보르도에서 맞이했다.

요스 반 클레브, 〈왕비 엘레오노르〉, 1518~1521년

결국 프랑수아가 마드리드 평화조약에서 지킨 것은 엘레오노르와의 결혼뿐이었던 셈이다.

1531년에 파리에서 왕비로 즉위한 엘레오노르를 위한 축제가 열렸고 기마 시합이 치러졌다. 말을 타고 창을 던지는 시합에서 열한 살의 앙리 왕자가 경례를 보낸 이는 축제의 주인공 왕비가 아니라, 귀빈석에 단아하게 앉아 있던 디안이었다.

앙리는 스페인에 감금되어 있으면서 스페인의 작가 몬탈보(1450년 경~1505년 경)가 쓴 《갈리아의 아마디스》라는 기사 이야기에 매료되어, 기사가 충성과 사랑을 맹세하는 귀부인에게 동경을 품고 있었던 것이다. 그 귀부인의 이미지는 디안과 딱 들어맞았다.

동경에서 시작된 그녀에 대한 충성심과 사랑은 평생 계속된다. 그렇게 열한 살의 앙리는 서른한 살의 디안의 기사가 되었다.

동경의 대상으로서

그리고 운명의 수레바퀴는 계속 돌아, 4개월 후에 디안의 남편 루이 드 브레제가 일흔의 나이로 생애를 마친다.

이때 디안은 아직 서른한 살이었다. 물론 오늘날의 서른한 살과는 다르니, 나이를 열 살 정도 더 먹은 이미지를 떠올리는 편이 이해하기 쉽다. 이는 외모로도, 또 여성으로서도 미묘한 나이였다. 금세 중년에 어울리는 외모로 변하느냐, 미모를 유지하기 위해 매일 최선을 다해 노력하느냐, 이 중 하나를 골라야 했다.

디안은 미망인이 되었지만 미모를 유지하고 한층 더 갈고 닦기로 결심한다. 남편이 죽은 후에 궁정에서 살아남아야 하는 그녀에게는 자신을 보호해 줄 남성이 필요했기 때문이다. 그녀는 매일 차가운 우물물을 끼얹고 검은 비로드 마스크로 피부가 햇볕에 그을리지 않도록 보호하며 하루에 세 시간 정도 승마를 하는 등, 아름다움을 유지하기 위한 노력을 게을리 하지 않았다.

그리고 루이 드 브레제가 죽은 지 2년쯤 지난 1533년, 그녀는 프랑수아 1세의 초대를 받고 궁정으로 돌아갔다.

디안은 기존에 미망인들이 입던 전통적인 검은 옷을 입고 베일을 쓴 게 아니라, 흰색이 가미된 상복을 착용하고 금발을 늘어뜨린 채 자신의 용모를 드러냈다. 실크에 레이스를 단 상복 디자인은 그녀의 가늘고 아름다운 목과 잘록한 허리 등 멋진 몸매를 강조했다.

이렇게 그녀는 훌륭한 연출로 프랑수아 1세의 아름다운 여신하단으로 복귀했다.

디안의 복귀를 누구보다도 기뻐한 것은 앙리 왕자였다. 앙리가 스페인에서 돌아온 이후, 처음에 디안은 그가 전해오는 사모의 마음을 모성으로 대했다. 하지만 어느새 그녀도 부왕과는 달리 순수하고 상처받기 쉬운 열아홉 살의 청년으로 성장한 앙리에게 다른 감정을 품게 되었다.

1536년에 열여덟 살의 프랑수아 왕태자가 사망하자 동생인 앙리가 왕태자가 되었다. 그래서 디안도 다시금 자신의 장래를 생각해 보게 된 것일까. 그녀가 앙리의 사랑을 육체적으로도 받아들인 것은 그가 왕태자가 되고 2년 후인 1538년이라고 한다.

디안이 서른아홉 살, 앙리가 열아홉 살이던 때였다. 당시 그는 이미 카트린 드 메디시스와 결혼한 지 5년이 넘은 상태였다.

디안은 마흔 가까이 연상인 남편과 결혼을 했다가 앙리와의 관계에서 입장이 역전된 셈이다. 그녀는 연상의 애인으로서 자신이 가지고 있던 지식과 경험을 아낌없이 젊은 왕자에게 전해주며 그를 매료시켰다.

풍텐블로 궁전 내 〈프랑수아 1세 회랑〉.

기묘한 결혼생활

한편 앙리의 부인인 카트린은 아름답지도 매력적이지도 않았으며, 당연히 사랑의 기술 역시 갖고 있지 않았다. 교양이 풍부해도 재미가 없는 카트린이 우아하고 세련된 디안의 상대가 될 리가 없었다. 궁정 사람들의 눈에도 프랑스의 명문 귀족인 디안과 달리 '피렌체의 약장수'나 '장사꾼의 딸'로 손가락질 받는 카트린이 곱게 보이지 않았다.

당시 같은 계급사회에서 카트린이 아무리 대부호 메디치가 출신이고 로마 교황의 친척이라고 해도 프랑스 귀족에게는 하찮은 이국의 장사꾼으로밖에 보이지 않았던 것이다. 따라서 앙리나 궁정 사람들의 태도를 보았을 때 승률은 확실히 디안이 높았다.

하지만 자신보다 스무 살이나 젊은 청년의 애인이 된다는 것은 어린 시절의 미숙한 연애와 달라서 감정대로 행동할 수가 없는 법이다. 젊은 애인을 상냥하게 감싸주면서도 현실적이어야만 했다. 상대가 스무 살 연하의 프랑스 왕태자, 미래의 국왕이라면 더욱이 그렇다. 근성이 없이는 지킬 수 없는 자리였다.

앙리가 디안에게 애정과 정열을 쏟을수록 그는 카트린의 침실에서 멀어졌다. 어리석은 여자였다면 자만심에 빠져 기뻐했겠지만 디안은 달랐다. 왜냐하면 만약 카트린에게 불임 딱지라도 붙는 날에는 앙리와 카트린의 결혼이 무효가 되기 때문이다.

그리고 만약 결혼이 무효가 되면 앙리는 새로운 왕비를 맞이해야 한다. 자신보다 아름다운 여성이 왕비가 된다면, 또는 카트린처럼 자신에게 우호적이지 않다면 어떻게 할까? 디안이 이런 생각을 하는 것은 당연했다. 그녀는 앙리의 사랑을 잡아두려면 카트린이 부인으로 있는 편이 낫다는 것을 알고 있었다.

그래서 그녀는 왕태자 부부의 임신을 위해 적극적으로 협조한다.

프랑수아 클루에.
〈카트린 드 메디시스의 세밀화〉.
1555년 경.
빅토리아&앨버트 박물관(런던)

디안은 우선 앙리와 둘이서 침실에 있으면서 그의 기분을 고취시킨 뒤 그런 그를 카트린의 침실로 보내 임신을 위해 노력하도록 했다. 그러면 앙리는 무사히 의무를 다한 후에 다시 디안의 침실로 돌아와 아침까지 둘만의 시간을 보냈다. 카트린에게 얼마나 굴욕적인 일이었겠는가.

하지만 그런 세 사람의 노력이 결실을 맺으면서 결혼한 지 10년도 넘은 1544년에 장남 프랑수아(훗날 프랑수아 2세, 재위 1559~1560년)가 태어난다. 프랑스에는 여자의 왕위 계승을 금하는 살리카법이 있었기 때문에 남자에게만 왕위 계승권이 인정되었다. 즉 사내아이의 탄생으로 앙리와 카트린은 왕태자 부부로서의 의무를 다한 셈이었다.

영광의 날들이 시작되다

그 후 디안은 궁정에서 프랑수아 왕자를 본인이 직접 대신들에게 선보이고 자신의 아이처럼 키우며 교육시켰다. 카트린은 1556년까지 총 열 명의 아이를 출산하는데, 디안은 모든 아이들을 똑같이 대했다. 그리고 카트린에게는 임신과 출산을 위해 체력을 비축하도록 그녀를 정중히 대우했다.

카트린은 마치 오늘날의 '대리모' 같은 존재였다. 아무리 아이를 낳아도 앙리에게는 그저 의무를 다한 것뿐이었다. 어디까지나 그가 애정을 쏟는 대상은 디안밖에 없었다.

1547년 3월 31일, 프랑스의 문화 수준을 높인 르네상스 왕 프랑수아 1세가 쉰세 살의 생애를 마쳤다. 그리고 같은 해 7월 25일에 스물여덟의 새로운 왕 앙리가 랭스에서 왕관을 받았다. 그것도 앙리의 H와 디안의 D를 조합한 문자가 장식된 망토를 입고서 말이다. 대관식이 있은 지 6일 후, 왕은 디안을 '공인된 총희'로 인정한다.

장남을 아낀 부왕의 관심 밖에 있던 탓에 제왕 수업을 받지 못한 앙리가 기댈 사람은 디안밖에 없었다. 그래서 프랑스를 통치하는 일에도 디안의 힘이 필요하게 된다. 공문서를 쓴 것도 그녀고, '앙리 디안'으로 나란히 사인도 했다. 디안은 공적으로도 사적으로도 훌륭하게 앙리의 반려자 역할을 해냈다.

이러한 디안을 궁정
에서는 왕족에 버금가게
대우했다. 앙리도 그녀
를 '나의 귀부인(마담)'이
라고 불렀고 주위에서도
그녀를 '마담'이라고 칭
했다. 참고로 '마담'은 지
금과 달리 당시에는 왕
의 여자 형제들이나 딸
에게 쓰는 호칭이었다.
또 그녀는 사인도 왕족
처럼 '디안'이라는 이름
만 적었다.

장엄하고 아름다운 슈농소 성

슈농소 성 안 디안의 정원

　그리고 앙리는 프랑
스가 자랑하는 슈농소 성을 그녀에게 선물한다. 셰르 강의 근처에 세워
진 이 성은 1535년 이후에는 왕족의 소유였기 때문에 원래는 디안에게
양도할 수 없는 것이었다.

　디안은 이 성을 넓히고 고쳐서 강에 다리를 만들고 이탈리아식 정형
정원을 조성했다. 성도 그녀와 어울리는 새 모습을 갖추었다.

　그러나 행복과 불행은 종이 한 장 차이라고 했던가. 그런 와중에 디안
과 카트린의 운명이 크게 요동치기 시작한다.

신앙으로 살았던 노년

1559년 6월 30일, 카트린의 반대에도 불구하고 앙리 2세는 자신만만하게 기마 시합에 출전했다. 그 기마 시합에서 스코틀랜드 호위대 대장인 몽고메리에게 오른쪽 눈이 찔린 앙리 2세는 열흘 뒤에 숨을 거두고 만다.

공인된 총희라고 해도 후원자가 있을 때의 이야기다. 디안은 앙리의 장례식에 초대도 받지 못했다. 슈농소 성 역시 왕가의 재산이라는 카트린의 주장하에 반환되었다.

디안은 카트린이 새로이 하사한 쇼몽 성을 딱 한 번 방문했을 뿐, 두 번 다시 찾지 않았다고 한다. 그녀는 영지인 아네의 성으로 돌아가 차분하게 여생을 보내다가 1566년 4월 25일에 조용히 생애를 마쳤다.

참고로 그녀는 신이 임명한 프랑스 왕을 지켜야 한다는 마음이 강한 나머지, 개신교도를 박해하는 일도 서슴지 않을 만큼 열렬한 가톨릭 교도였다. 당연히 가톨릭 교도로서 자신이 총희였던 데 대한 죄의식과 하늘에 치러야 할 대가를 남달리 두려워했다.

노년의 그녀는 아네의 마을에 병원을 세우고 불우한 여성들을 위한 시설을 지었다. 또한 막대한 유산의 대부분을 수도원에 기부하여 어려운 처지의 여성들을 구제하기 위해 미사를 올리도록 유언했다. 유언장에는 자신의 유산을 개신교도가 상속받는 일은 절대 용인하지 않는다고 명시했다.

당시 가톨릭과 개신교를 둘러
싼 종교문제는 상당히 뿌리 깊어서
카트린 역시 죽을 때까지 골머리를
앓았다.

디안의 침실

이는 1534년에 영국 국교회라는
독자적인 교회를 창설한 잉글랜드
에서도 마찬가지였다. 어린 시절에
프랑스 궁정에서 절대적인 영향력
을 자랑한 디안의 가르침을 받고,
1561년에 왕의 미망인이 되어 스코
틀랜드로 돌아온 왕녀 메리. 그리고 평생 메리를 의식해야만 했던 잉글
랜드의 여왕 엘리자베스. 16세기 후반에 브리튼 섬에서 두 여왕은 국왕
이 아닌 여왕이라는 사실에서 오는 숙명, 그리고 종교문제와 얽혀 두 나
라의 운명까지도 좌우하게 된다.

＊

디안은 발렌티누아 공작부인과 에탕프 공작부인이라는 두 개의 높은
칭호를 얻었다. 12세기 이후 푸아티에가는 발렌티누아 백작 지위를 받았
는데, 디안의 조부 대에 와서 발렌티누아의 영지를 프랑스 왕에게 강제
로 빼앗긴 바 있다. 그 가문에 대한 불법 행위를 보상이라도 하듯 앙리 2
세는 공국이 된 발렌티누아의 칭호를 디안에게 하사했다. 공인된 총희만

프랑수아 클루에파. 〈디안 드 푸아티에, 발렌티누아
공작부인〉. 1540년 경

프랑수아 클루에. 〈앙리 2세〉.
16세기. 콩데 미술관(샹티이 성)

이 누릴 수 있는 파격적인 대우였다.

위의 그림(왼쪽)은 프랑수아 클루에(1515년 경~1572년)파의 작품으로
전해진다. 프랑수아는 브뤼셀 출신의 아버지 장 클루에와 마찬가지로 프
랑스 왕을 위해 일한 궁정화가였다. 이 작품은 디안의 초상 중에서도 그
리 미화되지 않은 것으로 보인다. 전통적으로 사실적인 묘사에 능한 플
랑드르인의 유전자가 발현된 것일까?

패션에서도 디안은 앙리를 비롯해 그의 주변에까지 영향을 주었다.
위의 그림 속(오른쪽) 앙리 2세의 의상이 검은색과 흰색으로 이루어진 것

은 그녀가 미망인이 된 이후에 몸에 걸쳤던 상복의 배색에 영향을 받은 것이다. 앙리를 호위하는 이들의 의상까지도 그러했다.

비단밖에 걸치지 않았던 디안은 슈농소 성에서는 양잠을 시작했다. 참고로 앙리의 발밑에 깔려 있는 터키 융단은 부왕이 교류한 오스만 제국의 슐레이만 1세(재위 1520~1566년)와의 동맹이 계속됨을 나타낸다.

제 5 장

야심으로 사랑을 쟁취하고, 처형된 비극의 왕비

앤 불린

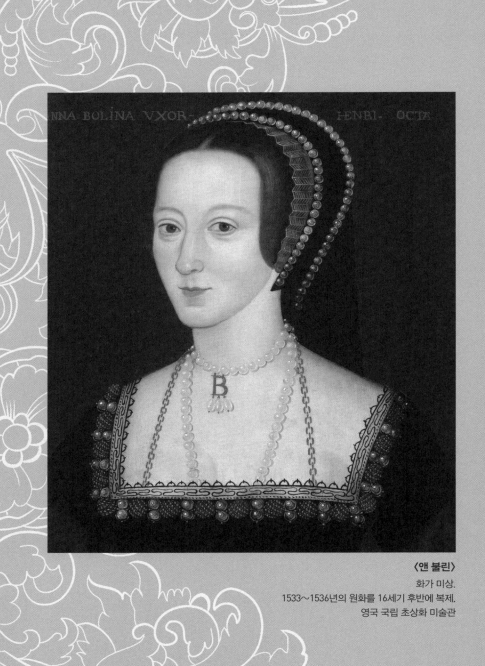

ANNA · BOLINA · VXOR —　　　HENRI · OCTA

⟨앤 불린⟩
화가 미상.
1533~1536년의 원화를 16세기 후반에 복제.
영국 국립 초상화 미술관

벼락출세한 자매

이제부터는 영국의 초상화를 살펴보자.

튜더 왕조 시대의 잉글랜드에는 네덜란드로부터 많은 화가들이 '돈벌이'를 하러 왔다. 왼쪽의 초상화를 그린 화가의 이름은 알려져 있지 않지만, 어두운 배경에 인물을 그린 것으로 보아 분명 네덜란드 화가, 혹은 그쪽의 영향을 받은 화가의 작품이라 생각된다.

잉글랜드 여왕 엘리자베스 1세의 모친 앤 불린(1507~1536년)은 디안 드 푸아티에와 적지 않은 인연이 있었다. 부친 토마스 불린(1477년 경~1539년)이 프랑스대사로 근무하면서 앤이 프랑스 궁정에서 지낸 시기가 있기 때문이다. 그녀는 디안과 언니 메리 불린(1499~1543년)과 마찬가지로 프랑스 왕비 클로드의 시녀로서 일했다.

언니인 메리 불린은 나중에 프랑수아 1세로부터 '잉글랜드의 목마' 또는 '창녀' 등으로 매도되어 프랑스의 궁정에서 쫓겨났다. 호색한이었던 프랑스 왕의 애인이었기 때문이기도 했다. 이후 메리는 잉글랜드로 돌아와 결혼했으며, 헨리 8세(재위 1509~1547년)가 동생 앤에게 빠지기 전까지는 그의 애인이기도 했다. 메리는 자유분방하면서도 왕의 마음에 들어

한스 홀바인. 〈헨리 8세의 초상〉. 1540년, 바르베리니 궁전

화가 미상. 〈캐서린 오브 아라곤〉. 1515년 경

출세하기를 꿈꾸는 상당한 야심가이기도 했다.

참고로 불린 자매의 증조부는 노포크의 농가 출신으로 런던으로 상경한 후 모자 가게와 포목상을 하며 부를 축적해 런던 시장까지 된 인물이다. 앤의 대에는 훌륭한 귀족으로 통했지만, 불과 4대 전까지만 해도 불린가는 농민이었던 것이다. 당시의 계급사회에서 농민이 귀족으로 벼락출세하는 일은 거의 없었다. 야심가인 증조부의 유전자는 확실히 불린 자매에게도 전해진 듯하다.

여동생 앤은 프랑스 궁정에서 언니처럼 평판을 떨어뜨리는 일 없이 왕비 클로드의 영어 통역을 맡았다. 그러다가 1526~1527년 경에 잉글랜드로 돌아와 헨리 8세의 왕비 캐서린 오브 아라곤(1485~1536년)을 모시도록 발탁되었다. 나중에는 언니인 메리와 마찬가지로 앤도 헨리 8세의 애인이 되었다.

당시의 기준으로 봤을 때 앤은 결코 미인의 범주에 드는 타입이 아니었다. 검은 머리에 약간 검은 피부, 풍만하지 않은 가슴, 게다가 오른손에는 작은 여섯 번째 손가락이 옆으로 나와 있었다.

하지만 머리 회전이 빨랐으며, 프랑스 궁정에서 익힌 우아하고 요염한 행동, 세련된 패션 센스가 앤의 매력을 끌어올렸다. 84쪽의 초상화에 그려진 진주로 장식된 모자도 그녀가 프랑스에서 가지고 와 유행시킨 것이다. 게다가 댄스와 류트(만돌린과 비슷한 모양의 악기) 연주에 뛰어났던 앤에게 헨리 8세가 매료된 것은 어찌 보면 당연한 일이었다.

헨리 8세는 앤을 새 왕비로 삼고 아들을 낳기를 기대한다. 여섯 살 연상의 왕비 캐서린은 이미 다섯 번의 유산과 사산을 반복했고, 둘 사이에 남은 아이는 여섯째인 메리 왕녀(1516~1558년, 훗날 잉글랜드 여왕 메리 1세, 재위 1553~1558년)밖에 없었다.

오늘날의 유럽과는 비교도 안 될 만큼 당시에는 왕위 계승자는 꼭 남성이기를 원했다. 프랑스와 달리 잉글랜드에는 여성은 왕위를 이어받을 수 없다는 살리카법이 없었기 때문에, 여성이 왕위를 계승하는 데 문제는 없었다. 하지만 헨리 8세는 2대째에 불과했던 튜더 왕조의 기반을 확립하기 위해서라도 아들의 탄생을 간절히 원했다.

만약 메리 왕녀가 왕위를 계승하고 외국에서 반려자를 구한다면, 잉글랜드는 그 나라의 속국이 되어버리기 때문이다. 설령 국내의 귀족과 결혼한다고 해도 귀족 간의 세력 싸움을 가속시키게 된다. 요컨대 헨리 8세는 국가의 안정을 위해 옳든 그르든 아들을 원했던 것이다.

비밀 결혼과 로마 교회 이탈

1533년 1월에 앤이 임신한 사실을 안 헨리 8세는 이혼을 금하는 로마 교회와 헤어지기로 결심하고 앤과 비밀리에 결혼한다. 서자에게는 왕위 계승권이 없기 때문이다.

그리고 그해 5월에 헨리 8세는 주위의 반대와 국민들의 감정은 무시한 채 캐서린과의 이혼을 강행한다. 캔터베리 대주교의 종교재판 결과, 헨리 8세와 캐서린의 결혼은 무효화되고 앤이 정식 왕비가 된 것이다.

이렇게 왕위 계승자 문제와 그에 얽힌 이혼 문제로 인해 로마 교황과 헨리 8세가 대립한 끝에, 잉글랜드에서는 1534년 수장령首長令(국왕지상법)이 발포되며 영국 국교회가 창설된다. 잉글랜드의 군주가 교회의 주권자이며 이 나라의 교회는 로마 교회로부터 이탈한다는 것이었다. 헨리 8세 시대의 잉글랜드 국교회의 교리 자체는 로마 교황을 뺀 가톨릭이었다.

다만 그가 국교회를 수립한 이유는 앤과의 사랑에 미쳤기 때문만은 아니었다. 당시 가톨릭 교회의 수도원은 막대한 재산을 갖고 있었다. 그 재산과 권력을 흡수하는 것이 헨리 8세의 목적이기도 했다. 교회와 수도원의 토지, 재산을 몰수하면 튜더 왕조의 재원을 늘리고 왕권을 더 확고히 할 수 있었기 때문이다.

노년에 극도로 살이 찐 모습에서는 상상하기 어렵지만, 젊은 시절의 헨리 8세는 키가 크고 날씬한 절세의 미남이었다고 한다. 게다가 당시의 유럽 궁정에서 제일가는 지식인으로, 문무도 겸비한 왕이었다. 운동과 무예, 음악에 이르기까지 그의 재능은 끝을 몰랐다. 작곡에도 재능을 발휘해 성가를 몇 곡인가 남겼을 정도다.

헨리 8세가 머물렀던 윈저 성

젊은 앤은 최고 권력자인 왕의 구애를 받자 들뜬다. 그녀는 왕과 캐서린의 이혼이 인정되기 전부터 왕비처럼 행동하고 무례한 태도를 일삼아 궁정 사람들과 국민의 신경을 거슬렀다. 왕비인 캐서린에게 대놓고 대들기도 했다. 메리 왕녀를 귀여워하는 왕을 책망하고 왕녀를 자신의 하녀로 삼겠다며 화를 내기도 했다.

국민들 역시 캐서린 왕비의 성실하고 깊이 있는 인품을 사랑하고, 애인인 주제에 제멋대로 구는 앤을 '눈만 큰 창녀!'라고 부르며 증오했다. 앤이 정식으로 왕비가 된 후에도 국민들은 앤에게 경의를 표하지 않았다. 거리에서 남자들은 앤의 수레를 향해 모자를 벗지 않았고, 여자들은 "마녀!"나 "매춘부!"라고 소리치며 매도했을 정도다.

국민 감정도 등을 돌리고 로마 교황으로부터 파문된 데다 앤과의 결혼에 대해서는 무효선언까지 나온 지경이니, 헨리 8세는 어떻게든 앤에게서 아들을 낳아야만 했다. 지푸라기라도 잡는 심정으로 왕은 의사와 점성술사, 마법사와 마녀들이 "앤 왕비의 뱃속 아기는 사내아이입니다."라고 말을 하도록 유도했고, 주위의 양식 있는 사람들은 눈살을 찌푸렸다.

애정은 사라지고 나락으로

하지만 의기양양하던 앤의 운명은 이 출산으로 인해 완전히 달라진다. 1533년 9월 7일에 태어난 아이는 왕녀였던 것이다. 미래의 엘리자베스 1세의 탄생이었다.

딸을 낳은 후에도 앤은 메리 왕녀를 적대시한 나머지 자신이 낳은 엘리자베스의 시중을 들도록 할 정도였다.

왕비의 자리에서 쫓겨나 감금되어 있던 캐서린은 메리 왕녀와의 면회나 편지조차도 허락되지 않았다. 그녀는 헨리와의 이혼을 인정하지 않은 채, 1536년 1월 7일에 하늘의 부름을 받는다. 한편 새로운 왕비 앤은 그후 두 번의 임신을 하지만 모두 유산하고 만다. 두 번째 유산은 캐서린이 죽고 난 뒤 몇 주 후의 일이었다.

한때 오만방자하게 굴던 앤은 두 번째 임신 무렵부터 서서히 비굴해지더니 헨리 8세의 눈에 들기 위해 애쓰기 시작했다. 아들을 낳지 못하면 자신의 지위가 위태롭다는 것을 잘 알고 있었기 때문이다. 왕의 애정

이 식어버리면 아들을 가질 기회
조차 얻을 수 없다. 과거에는 왕
의 애정을 마음껏 누리며 권세를
휘둘렀던 앤도 지금은 강아지처
럼 애정을 원하는 가련한 여자가
된 것이다. 앤에게 반감을 가졌
던 사람들조차도 그 비참한 모습

화가 미상. 〈헨리 8세 가족〉.
왼쪽부터 왕자 에드워드, 헨리 8세, 제인 시모어

에는 동정을 금하지 못했다고 한다.

그리고 인과응보처럼 두 번째의 유산 후에 앤에 대한 헨리 8세
의 애정은 차갑게 식어버린다. 이미 헨리는 앤의 시녀인 제인 시모어
(1509~1537년)에게 반해 있었다. 결국 엘리자베스가 여자로 태어나는 바
람에 모친의 운명에 제동이 걸린 셈이다.

앤이 처형된 런던탑

더 이상 앤과의 사이에서 아들을 낳는 것을 포기한 왕에게 그녀의 존재는 성가실 뿐이었다.

그래서 그는 이번에는 제인을 정식 왕비로 삼고 아들을 낳는 데 자신과 왕조의 운명을 걸기로 했다. 실제로 1537년에 헨리 8세는 제인과의 사이에 왕자 에드워드(훗날 에드워드 6세, 재위 1547~1553년)를 얻는다.

1536년 5월 2일에 앤은 다섯 남자와의 간통죄로 몰려 런던탑으로 연행된다. 몰래 정을 통한 혐의에는 앤의 오빠 조지와의 근친상간도 들어 있었다. 그리고 즉각 열린 재판에서 전원이 유죄로 사형이 확정되었다.

이어서 5월 17일에는 앤과의 결혼이 무효가 되면서 엘리자베스의 신분은 서녀로 떨어진다. 이틀 후에 앤은 런던탑의 타워그린 처형대에서 29년의 생애를 마감했다.

＊

헨리 8세의 여섯 명의 왕비 가운데 기이한 운명을 살았던 한 인물을 살펴보자. 바로 앤 오브 클레베이다.

독일의 아우구스부르크에서 태어난 화가 홀바인(아들, 1497/98~1543년)은 스위스의 바제르에서 활동했는데, 인문주의자 에라스뮈스(1466년 경~1536년)로부터 소개받은 대법관 토머스 모어(1478~1535년)를 믿고 1526년에 런던으로 건너온다.

자신의 가족은 바제르에 남겨둔 채였다. 이후 타국에서 일하며 떨어

져 사는 가족들을 부양했지
만 4년 정도 일시 귀국을 한
것 말고는 두 번 다시 가족
과 함께 바제르에서 살지 않
았다. 1536년 이후 홀바인
은 헨리 8세의 궁정화가가
된다. 그때는 이미 왕과 앤
불린의 결혼을 반대한 토머
스 모어는 처형된 후였다.

홀바인은 독일인답게 이
탈리아 미술로부터는 무게
감이 있는 인물상, 네덜란드
회화로부터는 세밀한 묘사

한스 홀바인. 〈로테르담의 에라스뮈스 초상〉.
1523년

를 도입해 남과 북의 전통을 융합시킨 화가였다.

헨리 8세는 세 번째 왕비 제인 시모어를 산욕産褥으로 잃은 후 네 번째
왕비를 찾고자 홀바인을 대륙의 궁정으로 파견한다. 물론 후보자의 초상
화를 그려 가지고 돌아오게 하기 위해서였다.

홀바인이 가지고 온 초상화 중에서 눈에 든 것은 독일 뒤셀도르프
출신의 개신교도인 율리히 클레베 베르크 공녀 안나(1515~1557년, 앤
오브 클레베)였다. 헨리 8세는 유럽 제국의 가톨릭 세력과 대항하기 위
해 클레베 공을 자신의 편으로 만들려는 정략결혼을 꾀하고 있었다.

홀바인이 그린 이 초상화는 정면을 향하고 있다.

한스 홀바인.
〈앤 오브 클레베 초상〉.
1539년.
루브르 박물관

중세 이래로 예수만이 정면상으로 그려지는 것이 전통적이었다. 따라서 이 초상은 앤이 성상 숭배를 금하는 개신교도임을 뜻한다. 그와 동시에 '선보기용'이기 때문에 '정확'하게 묘사하려 한 것이었다. 헨리 8세가 홀바인에게 거짓 없이 진실한 모습을 그려 오라고 엄명을 내렸기 때문이다.

하지만 잉글랜드로 시집 온 앤을 본 헨리 8세는 "그림과 다르다!"며 격노했고 그녀와 잠자리를 함께하는 일은 없었다고 한다. 왕이 보기에는 초상화만큼 미인이 아니었다는 뜻이리라.

그런데 실제로 이 무렵의 왕의 마음은 이미 다섯 번째 왕비가 되었다가 훗날 처형되는 캐서린 하워드(1521~1542년)에게 기울어 있었던 듯하다. 또 정치적인 상황의 변화로 클레베 공의 협력이 필요 없어진 것도 앤과의 결혼을 무마시키려는 방향으로 작용했다.

결혼을 추천한 측근인 토머스 크롬웰(1485~1540년)은 이 일을 계기로 세력을 잃고, 정적들에 의해 반역죄로 몰리면서 런던탑에서 처형당한다. 헨리 8세가 아끼던 궁정화가 홀바인은 크롬웰과 달리 정적이 없었던 덕분에 다행히 처형은 면한다.

왕과 부부의 연이 끊어진 앤 오브 클레베는 '왕의 여동생'의 칭호를 받고 아무 불편 없이 생활하다가 잉글랜드에서 생을 마쳤다. 그런 의미에서 그녀는 헨리 8세의 여섯 왕비 중에서 가장 평온한 인생을 살았다고 하겠다.

왕국의 우상이 되고,
국가와 운명을 함께한 여왕

엘리자베스 1세

〈13세의 엘리자베스 왕녀(훗날의 엘리자베스 1세)〉
윌리엄 스크로츠,
1546년 경.
윈저 성/왕실 컬렉션(영국)

그늘이 드리운 행복

왼쪽에 그려진 인물은 열세 살의 엘리자베스 1세(1533~1603년, 재위 1558~1603년)다.

진주를 단 프랑스풍의 모자는 모친 앤 불린이 프랑스에서 잉글랜드로 들여와 유행시킨 것이다. 앤 역시 남겨진 초상화를 보면 진주가 달린 모자를 쓰고 있다. 이런 모자를 쓸 때는 가르마를 정중앙에서 타는 것이 당시의 스타일이었다.

엘리자베스가 입은 드레스는 전체적으로 개신교도의 왕녀답게 화려하지 않은 편이다. 엘리자베스의 사촌에 해당하는 제인 그레이(1537~1554년)도 개신교도답게 엘리자베스를 본보기로 삼아 수수한 의상을 입었다고 한다. 여왕이 된 이후에 엘리자베스가 입었던 거추장스러울 정도로 호화로운 의상에서는 상상할 수 없는 모습이다(가령 107쪽의 초상화와 비교해보라).

엘리자베스는 기도서를 손에 들었으며, 배경의 책 받침대에는 책이 놓여 있다. 그녀가 근면하고 똑똑한 소녀였음을 추측할 수 있다. 어린 시절의 그녀는 하루에 세 시간 정도 역사책을 즐겨 읽었다고 전해진다.

윌리엄 스크로츠. 〈캐서린 파〉.

두 살하고도 8개월 때에 어머니가 단두대의 이슬로 사라지면서 왕녀의 신분에 있던 엘리자베스는 단번에 왕위 계승권이 없는 서녀로 취급을 당하게 된다. 엘리자베스가 열 살이던 1543년, 헨리 8세의 여섯 번째이자 마지막 왕비인 캐서린 파(1512~1548년)가 시집을 온다. 새로운 왕비 캐서린은 헨리 8세와 견줄 만큼 교양이 있고, 신앙심이 매우 두터운 여성이었다. 사랑이 많은 그녀는 헨리 8세에게 부탁해 서녀 신분에 있던 엘리자베스와 이복언니인 메리(훗날 메리 1세, 재위 1553~1558년)의 신분을 왕녀로 복귀시켜 주었다.

이상적인 계모였던 캐서린은 엘리자베스와 네 살 아래의 이복동생 에드워드 왕자가 왕족에게 어울리는 교육을 받을 수 있도록 배려했다. 엘리자베스 역시 상냥하고 학식이 풍부한 캐서린을 마음 깊이 사랑했다. 그리고 사랑하는 캐서린의 기대에 부응하고자 동생 이상으로 수재의 면모를 발휘했던 것이다.

엘리자베스는 어렸을 때부터 열심히 공부하고, 그것을 즐기면서 지식을 체득하는 이상적인 학생이었다. 열네 살에는 프랑스어로 유창하게 말했을 뿐만 아니라 라틴어와 이탈리아어에도 통달했다. 라틴어는 유럽의

통용어였고, 이탈리아어 역시 새
로운 시대의 통용어로서 대두되고
있었기 때문이다. 게다가 그리스
어에도 뛰어난 재능을 보였다.

엘리자베스가 어린 시절을 보낸 햇필드 하우스

여왕이 된 엘리자베스는 통역
없이 외국 대사와 의견을 나눌 수
있었는데, 이는 어린 시절에 받은 교육 덕분이었다.

라이벌로 여겨지는 스코틀랜드의 메리는 화려한 미녀로 역사에 이름
을 남겼다. 반면에 이 초상화의 소녀 엘리자베스는 메리처럼 화려한 미
모라기보다는 단정한 생김새에서 풍기는 아름다움이 그녀의 지성과 어
울린다. 다만 이 무렵부터 이미 자존심이 아주 강했던 엘리자베스는 다
른 사람을 깔보는 것 같은 표정을 자주 보여서 아름다운 용모에 흠이 되
었다고 한다.

참고로 손가락이 이상할 정도로 눈에 띄게 그려졌지만 화가의 실수는
아니다. 엘리자베스는 죽을 때까지 자신의 길고 가느다란 손가락을 자랑
스레 여겼던 만큼 늘 일부러 눈에 띄게 했다.

처녀왕의 길

1547년에 헨리 8세가 서거하자 열 살의 이복동생인 에드워드 6세(재위
1547~1553년)가 잉글랜드의 왕위를 계승한다. 병약했던 에드워드는 결

에드워드 6세(위)와
서머싯 공작 에드워드 시모어(아래)

국 열여섯 살의 나이로 죽고 마는데, 그 6년간의 재위 중에 잉글랜드 국교회는 급속히 개신교화되었다. 에드워드가 열성적인 개신교도였던 데다, 어린 그를 대신해 정권을 쥔 외삼촌이자 초대 서머싯 공작이었던 에드워드 시모어(1506~1552년)도 개신교도였기 때문이다.

1548년에는 캔터베리 대주교인 토머스 크랜머(1489~1566년)에 의해 완성된 영어 기도서(The Book of Common Prayer)가 채택되고, 이후 예배에서는 이전처럼 라틴어가 아닌 영어가 사용되었다.

하지만 1553년에 에드워드가 일찍 세상을 떠나자 가톨릭 교도인 이복누나 메리 1세(재위 1553~1558년)가 즉위하고, 그녀는 아버지 헨리 8세가 실시한 종교개혁을 뒤엎는다. 로마 교황의 막강한 권리를 부활시키고 교회를 가톨릭으로 복귀시켰다. 메리는 토머스 크랜머를 화형에 처하는 등 3백 명에

가까운 개신교도를 처형했다. 그녀가 '피의 메리(블러디 메리)'라 불리는
까닭이다.

　메리 1세는 어머니가 스페인 출신이고 자신도 열성적인 가톨릭 교도
였기 때문에, 잉글랜드보다는 스페인에 더 가까웠던 측면이 있다.

　1554년에는 국민감정을 무시하고 사촌 형제인 신성 로마 황제 카를 5
세의 아들이자 열한 살 연하의 펠리페(훗날 스페인 국왕 펠리페 2세. 재위
1556~1598년)와 결혼했다. 하지만 이 결혼은 국가에도 그녀에게도 불행
을 가져왔다.

　당시로서는 나이 많은 신부였던 메리는 자식을 갖고 싶은 나머지 펠

리페에게 몇 번이나 임
신했다고 말했다. 그러
나 상상임신이었고, 실
제로는 난소종양을 앓고
있었다. 메리는 펠리페
에게 빠졌지만 그 사랑
은 일방통행이었다. 그
녀와 잘 맞지 않았던 펠
리페는 1556년에 스페인
왕으로 즉위하기 위해
스페인으로 돌아갔다가
1년 6개월 후에 잉글랜
드로 되돌아와서도 3개

안토니스 모르, 〈잉글랜드 메리 여왕의 초상〉.
1554년, 프라도 미술관

티치아노. 〈펠리페 2세의 초상〉. 1551년.
프라도 미술관

월밖에 같이 살지 않았다.

그리고 펠리페가 다시 돌아온 이
때의 잉글랜드는 스페인과 프랑스의
전쟁에 휘말려 대륙에서 유일하게
남아 있던 영토 칼레를 잃게 된다.

1558년에 마흔두 살의 메리 1세
는 난소종양으로 사망한다. 그녀는
이복동생인 엘리자베스의 어머니 앤
불린으로 인해 자신의 어머니인 캐
서린과 헨리 8세가 이혼한 것 때문에
엘리자베스를 증오했다.

1554년에는 모반의 죄를 씌워 엘
리자베스를 두 달 정도 런던탑에 투
옥한 일도 있었다. 그러나 엘리자베
스를 유죄로 만들 확실한 증거가 없었기 때문에 유폐를 풀어주어야 했
다. 이복자매는 화해하지 않았다. 메리는 죽기 전날에야 비로소 자신의
후계자로 엘리자베스를 지명할 정도였다.

메리 1세의 치세가 끝나면서 개신교도들은 그녀의 폭정에서 해방되
었다. 그리고 메리와 펠리페의 결혼은 여왕이 외국 왕족을 반려자로 맞
이했을 때의 위험성을 잉글랜드 국민, 그리고 무엇보다 여왕 엘리자베스
에게 강하게 각인시켰다. 그 때문인지 엘리자베스는 평생 결혼하지 않고
처녀왕으로 지낸다.

여왕에게 필요한 '카리스마'

왕녀 시절에는 개신교도답게 그토록 간소한 복장을 했던 엘리자베스는 스물다섯 살에 여왕으로 즉위한 뒤로는 철저히 지위에 어울리는 옷을 입었다. 오늘날의 왕족과 달리 당시의 군주는 위엄 있는 모습으로 국민의 존경을 받는 것이 중요했다. 절대적인 왕으로서의 카리스마를 유지하기 위해 호화로운 의상과 의식을 통해 국민들에게 군주의 이미지를 심어주어야 했다. 국내의 종교문제와 귀족 간의 내분으로 인해 피폐해진 잉글랜드를 바로 세우기 위해서도 새로운 여왕 엘리자베스에게는 권위와 위엄이 더욱더 필요했다.

엘리자베스가 즉위한 이듬해인 1559년, 아버지 헨리 8세가 1534년에 발포한 수장령(국왕지상법)이 재발포되면서 로마 교황이 아닌 엘리자베스가 교회의 주권자가 되었다. 그리고 예배통일령이 발표되면서 기도 방식도 통일된다. 극단적인 종교 개혁은 하지 않고, 교리는 개신교적이면서 예배 의식 등은 가톨릭적인 것을 채택했다. 엘리자베스 자신은 국민의 신앙에 간섭하기를 좋아하지 않았지만, 종교상의 대립은 국정에 위험하다고 보고 가톨릭과 개신교의 대립을 막고자 중도노선을 택한 것이다.

이렇게 그녀는 잉글랜드 국교회의 기초를 확립했는데, 그녀가 취한 중도노선이 마음에 들지 않은 가톨릭과 청교도는 이 방식을 배제했다. 참고로 국교회 내의 개혁파인 청교도는 1620년에 박해를 피해 메이플라

워호를 타고 식민지 아메리카로 이민하게 된다.

본보기가 된 초상화

엘리자베스의 초상화는 많이 남아 있다. 그녀의 초상화가 그려진 배경에는 요즘 말로 '이미지 전략' 또는 '미디어 작전'이 있었다.

1569년 7월에 엘리자베스 1세의 초상화에 대한 검열이 시작된다. 그녀는 자신이 화가에게 돈을 지불하고 초상화를 그리도록 하기보다는 신하에게 자신의 초상화를 제작하게끔 했다. 그리고 신하들이 초상화를 바치거나 자신들의 거실에 장식했다가 그녀가 행차했을 때 충성심을 드러내면 기뻐했다. 그중에는 당연히 질이 낮은 것도 있었기 때문에 마음에 들지 않는 초상화를 검열하여 소각하게 한 것이다. 이후로는 '여왕 폐하의 화가'로 인정된 화가 이외에는 엘리자베스의 초상을 그리는 것이 허락되지 않는다.

그리하여 그려진 한 장의 그림이 1575년 경의 초상화다(오른쪽). 마흔두 살의 여왕을 그린 이 초상화를 본보기로 이후 다른 많은 초상화가 제작되었다.

나이가 들면서 엘리자베스는 세밀 초상화로 유명한 니콜라스 힐리야드에게도 옥외에서 초상화를 제작하라고 명하고 음영이 없는 묘사를 하도록 했다. 힐리야드가 엘리자베스를 위해 작업을 시작한 것은 1571년 무렵으로 이미 여왕의 초상화 검열이 시작된 후였다. 더 이상 젊지 않았

화가 미상. 〈엘리자베스 1세의 초상〉.
1575년 경. 영국 국립 초상화 미술관

던 엘리자베스가 사실성을 원할 리도 없었기에, 더욱 엄격한 이미지 전략을 필요로 했다.

이리하여 엘리자베스 1세의 신격화가 시작되었다. 국정을 안정시키고 국민을 하나로 묶으려면 우상이 필요했다. 어느 시대든 왕권에 요구되는 카리스마를 유지하려면 의식儀式과 신비성, 그리고 마력魔力이 필요한 법이다. 개신교화된 잉글랜드에서는 성모 마리아의 성상 대신 여왕이 국민의 우상이 되었다. 국민들의 성모 마리아 숭배를 여왕 숭배로 바꾼 것이다.

회화에서 성모 마리아가 늘 젊은 아가씨로 그려졌듯 여왕의 초상에도 주름은 그려지지 않았고, 가부키(음악과 무용 요소를 포함한 일본의 전통극—옮긴이) 배우처럼 피부는 새하얗게 표현되었다. 당시의 잉글랜드에서는 흰 피부가 미인의 조건 중 하나였다. 성모가 늘 붉은색과 푸른색의 의상을 입고 있듯이 여왕도 휘황찬란한 의상에 붉은 머리카락을 하고 있어 마치 종교 미술의 '규격'에 맞춰 그려진 듯하다. 신격화되고 성모처럼 인간을 뛰어넘어버린 말년의 여왕은 붉은 가발을 쓴 것 같다.

규격화된 초상화는 국민을 하나로 만들고 안심시키기 위한 이미지 전략이었지만, 당시의 문헌을 보면 여왕의 허영심도 큰 영향을 줬음을 알 수 있다. 그녀는 늘 자신의 아름다움을 의식했고 60대에도 "젊어 보인다"는 이야기를 들으면 좋아했다. 엘리자베스는 평생 외모에 대한 칭찬에 굶주릴 일이 없었다.

나이 든 여왕은 요즘 말로 하면 '공주병'이었지만, 그녀의 신분 탓에 충고를 하는 이는 없었다.

엘리자베스는 자신의 외모와 외국어 능력에 대해 일부러 겸손한 척하면서도 칭찬을 이끌어내는 데 뛰어났다. 말하자면 그녀는 죽을 때까지도 '예쁜 여주인공'을 연기한 셈이다. 그런 엘리자베스의 새침함은 가까이 있는 궁정 사람들로서는 부담스럽기 그지없었다고 한다.

그녀는 시녀들이 뒤에서 비웃는데도 주름투성이인 얼굴에 흰 분을 두껍게 발랐다. 또 당시에 독신 여성들이 그랬던 것처럼 가슴을 노출한 드레스를 입었는데, 화려한 목걸이로 감추려고 해도 오히려 가슴의 주름이 도드라질 정도였다. 게다가 단 음식을 많이 먹은 탓에 이가 새까매지고 이야기를 알아듣기 힘들 정도로 많이 빠졌는데도 젊은 여성처럼 행동했다고 한다. 하지만 행동 하나하나는 우아하고 무엇을 해도 위엄이 서려 있었다.

처녀왕 엘리자베스는 나이가 들면서 자신의 시녀들이 결혼하는 것에 대해 못된 반응을 보였다. 걸핏하면 주위의 남녀관계에 대해 과민반응을 보여 마치 '노처녀 큰언니' 같았다고 한다.

〈디칠리 초상화〉

다음의 작품(110쪽)은 엘리자베스가 쉰아홉 살 무렵의 작품이다. 사실적인 묘사에 뛰어난 플랑드르 출신 화가가 그려서인지 눈꼬리에 주름이 보인다. 그래도 만약 엘리자베스가 이 초상화를 실제로 볼 기회가 있었다면, 상징주의를 이용한 교묘한 연출로 이를 보완해 그녀의 심기를 건드

마커스 기레아츠 2세 〈디칠리 초상화〉.
1592년경, 영국 국립 초상화 미술관

리지는 않았으리라.

마커스 기레아츠 2세(1561년 경 ~1636년)는 플랑드르의 브르주에서 개신교도인 판화가 아버지와 가톨릭 교도인 어머니 사이에서 태어났다. 당시 플랑드르는 가톨릭인 스페인의 지배하에 있었기 때문에 그는 박해를 피해 어릴 때 아버지와 함께 잉글랜드로 망명한다. 가톨릭이었던 어머니는 플랑드르에 남았다. 이 가족은 종교문제로 헤어져야만 했던 것이다.

현재의 디칠리 하우스

런던에서 그는 아버지처럼 망명한 플랑드르 출신 화가들 밑에서 회화 수업을 받은 것으로 보인다. 엘리자베스 시대부터 다음의 제임스 1세(잉글랜드 왕 재위 1603~1625) 시대까지 이들 플랑드르인은 일적으로도 친밀했고 서로의 가족끼리 결혼하는 등 결속을 다지며 많은 초상화를 제작했다. 그리하여 잉글랜드에서는 플랑드르인 화가들이 특기인 세밀 묘사를 구사해 화려한 의상을 선명하게 그린 전신 초상화가 인기를 끌게 된다. 〈디칠리 초상화〉라 불리는 이 초상화도 그런 작품 중 하나다.

여름이 되면 엘리자베스는 런던을 벗어나 지방으로 행차를 떠났다. 하지만 그녀는 여행에 흥미가 없었기 때문에 지방이라고 해봐야 런던에서 그리 멀지 않은 남잉글랜드가 고작이었다.

여왕의 행차는 국민들에게 자신의 모습을 보일 목적도 있지만, 행차를 통해 막대한 궁정의 경비를 유복한 국민들에게 부담시키려는 계산도 있었다. 인색하기로 유명한 그녀다웠다. 참고로 엘리자베스는 자신의 의상을 몇 번이고 고쳐 입었으며, 보석도 대부분 가문의 유품이나 신하로부터 선물받은 것들을 썼다. 스스로도 상당히 검소했던 것이다.

엘리자베스는 여왕으로서 많은 궁전과 성을 소유하고 있으면서도 거기에 머무르기보다는 부유한 귀족이나 지방 유명인사의 저택을 즐겨 찾았다. 대상이 된 사람들 중에는 여왕의 방문을 명예로 여기며 저택을 손보는 경우도 있었다. 하지만 여왕과 천 명이나 되는 수행원을 맞이하는데 드는 비용 때문에 마음이 무거운 이들도 존재했다. 엘리자베스는 자신이 수긍할 정도의 환대가 아니면 불만스러운 표정이 그대로 드러나는 사람이었다고 한다. 그래서 적당히 준비했다가 기껏 찾아온 출세의 기회를 날려버리는 이도 있었다.

〈디칠리 초상화〉는 1592년에 엘리자베스가 옥스퍼드샤 주州에 있던 컨트리 하우스를 방문한 기념으로 그려졌다. 디칠리는 저택 이름이며, 주인은 여왕의 신하인 헨리 리 경(1533~1611년)이었다.

플랑드르 회화는 전통적으로 회화 전체에 상징을 부여하는 특징이 있는데, 이 초상화 역시 플랑드르 출신 화가의 작품다운 상징주의가 구사되어 있다. 참고로 우의적인 구상 자체는 헨리 리 경이 생각해낸 것이다.

그림을 살펴보면 여왕은 지구의地球儀 같은 지도 위에 서 있다. 물론 그녀는 자신이 다스리는 잉글랜드 위에 자리하고 있으며, 여왕의 발 부근이 디칠리가 있는 곳이다. 배경의 왼쪽 반은 여왕의 영광을 의미하는 태양으로 빛나고, 오른쪽 반은 여왕의 권력을 의미하는 번개 불빛이 어두운 하늘에 빛나고 있다. 마치 사람의 모습을 한 신과 같은 이미지다.

안토니스 모르, 〈헨리 리 경〉, 1568년

목걸이와 머리 장식, 그리고 의상에는 진주가 많이 사용되었는데, 여왕은 처녀성을 상징하는 진주를 무엇보다 좋아했다. 이런 행차 때는 작은 진주를 의상에 다는 사람까지 동행했다.

이때의 디칠리 방문이 마음에 든 엘리자베스는 헨리 리 경에게 잉글랜드 최고의 훈장인 '가터훈장'을 수여한다. 그러나 헨리 리 경은 막대한 비용 때문에 여왕의 두 번째 행차 요청은 거절한다. 여왕 폐하 일행을 접대하는 것이 재정적으로 얼마나 힘들었는지 알 수 있는 일화다.

젊은 시절에 그려진 엘리자베스의 초상화는 〈디칠리 초상화〉처럼 상징주의를 구사해 처녀성과 초인성을 강조하지 않았다. 신과 같은 이미지 전략은 그녀가 결혼하지 않는 것이 확실해진 후의 일이다.

참고로 그녀가 절대적으로 결혼과 연애를 거부한 것은 아니다. 레스터의 백작 로버트 더들리(1533~1588년)나 에식스의 백작 로버트 데버루(1566~1601년)처럼 애인으로 보이는 남성들도 있었다. 게다가 기라성 같은 구혼자들도 있었지만 결국 그녀는 누구와도 결혼하지 않았다. 구혼했던 왕자 중에는 카트린 드 메디시스의 아들 앙리 왕자(훗날의 앙리 3세)도 있었다. 엘리자베스는 들어오는 혼담에 좋고 싫음을 확실히 하지 않고 애매한 태도를 취했다. 외교 교섭에서 잉글랜드에 유리하도록 자신의 혼담을 이용했던 것이다. 원래 우유부단한 면이 있기는 했지만, 그런 성격 덕분에 정치적으로는 노련미를 발휘할 수 있었던 셈이다.

❀

〈체를 든 여왕〉

여왕이 쉰 살 무렵에 그려진 오른쪽의 초상화는 기레아츠 부자처럼 신앙상의 이유로 플랑드르에서 런던으로 망명한 화가 쿠엔틴 마세이스(1543년 경~1589년)가 그린 것이다. 그와 이름이 같은 조부(1465/66~1530년)는 〈환전상과 그의 아내〉(1514년) 등으로 유명한 플랑드르 회화의 거장 중한 명이다.

역시 플랑드르 출신 화가답게 이 작품에서도 상징적으로 처녀성이 강조되고 있다. 의상을 살펴보면, 순진무구를 뜻하는 흰색과 정절과 불변을 나타내는 검은색이 쓰였다. 목걸이의 진주 역시 앞서 이야기했듯이 처녀성을 상징한다.

여기서 중요한 모티프인 여왕의 왼손에 들린 체를 보자. 우리 눈에는 여왕의 손에 들린 물건치고는 왠지 우스꽝스럽게만 보이지만, 체는 고대의 신녀들이 가지고 다닌 지참물이었다.

고대 로마시대, 웨스터 신전의 신녀는 순결을 지킬 의무가 있었다. 그런데 투치아라는 한 신녀가 자신의 순결이 의심을 받자, 로마를 흐르는 티베레 강의 물을 체에 담아 한 방울도 흘리지 않고 웨스터 신전으로 옮겨 순결을 증명했다는 이야기가 있다. 체는 이 이야기에서 모티브를 따

쿠엔틴 마세이스. 〈체를 든 여왕〉
1583년 경. 시에나 국립 회화관

온 것으로, 당시 궁정에 있던 사람들은 금방 이해했을 상징이다.

그리고 여왕이 오른쪽 팔을 걸친 원기둥에는 타원형의 메달리온(medallion: 건축물에 도드라지게 조각되는 원형의 조각)이 끼여 있다. 아홉 개의 메달리온에는 고대 로마의 시인 베르길리우스의 서사시 《아이네이스 Aeneis》에 나오는 이야기가 표현되어 있다. 내용 자체는 주인공 아이네이스와 카르타고의 여왕 디도의 이야기인데 여기서는 성애의 허무함을 나타낸다(카르타고의 여왕 디도는 아이네이스를 사랑하지만, 새로운 국가를 건설해야 한다는 사명을 가진 그는 카르타고를 떠나고 절망한 디도는 자살한다—옮긴이). 즉 디도를 버리고 로마의 초석을 다진 아이네이스에 독신으로 잉글랜드를 다스리는 엘리자베스를 비유한 것이다. 또한 원기둥은 불변을 의미함과 동시에 성모 마리아의 상징이기도 했다.

여왕의 왼쪽 뒤에는 그녀의 통치력이 전 세계에 미친다는 의미의 지구의가 자리하고 있다. 이 지구의에는 신대륙 쪽을 향하는 함대가 그려져 있는데, 스페인을 대신해 바다를 장악하고 영토를 확장하여 신세계를 제패하려는 여왕의 강력한 의지가 드러나 있다.

＊

하지만 아무리 초상화에서 엘리자베스의 초인성을 연출해도 그녀 또한 죽음을 피할 수는 없었다. 1603년 3월 24일, 엘리자베스 1세는 자신이 아끼던 리치몬드 궁전에서 예순아홉 살의 생애를 마쳤다. 후사가 없던 그녀는 죽기 직전까지도 후계자를 스코틀랜드 국왕 제임스 6세(잉글랜드에서는 제임스 1세)로 할 것인지에 대해 분명히 하지 않았다. 그저 암묵적인 동의를 한 채로 세상을 떠났다.

이리하여 엘리자베스의 숙명의 라이벌이자 그녀 스스로가 생명을 빼앗은 메리 스튜어트의 외아들 제임스가 잉글랜드의 왕위에 오르면서 스튜어트 왕조의 시대가 시작되었다.

Mary Stuart

제 **7** 장

'여자'로서 살았던
여왕

메리 스튜어트

〈메리 스튜어트의 세밀화〉
프랑수아 클루에.
1558년 경.
홀리루드 궁전 / 왕실 컬렉션(영국)

파란의 왕국에 태어나

16세기 브리튼 섬을 수놓은 라이벌이었던 두 명의 여왕 이야기. 그 두 주인공이 바로 앞장에서 등장한 잉글랜드 여왕 엘리자베스와 스코틀랜드 여왕 메리(1542~1587년, 재위 1542~1567년)다. 둘은 사촌 사이로 알려져 있기도 하다. 하지만 사실 엘리자베스는 잉글랜드 왕 헨리 7세(재위 1485~1509년)의 손녀이며, 아홉 살이 어린 메리는 헨리 7세의 증손에 해당된다. 헨리 7세의 증손이라 잉글랜드의 왕위 계승권을 주장할 수 있었던 데다 종교문제까지 얽힌 까닭에, 고민 끝에 엘리자베스는 메리의 사형선고서에 서명을 하게 된다.

둘의 생애는 낮의 해와 밤의 달이라고 할 만큼 대조적이었다. 그녀들의 타고난 성격과 각자의 성장환경에 따라 형성된 인간성이 어우러지면서 삶의 방향이 달라졌던 것이다.

메리는 1542년 12월 8일에 스코틀랜드 왕 제임스 5세(재위 1513~1542년)와 후처인 프랑스 명문가 기즈 가문 출신의 마리 드 기즈(1515~1560년) 사이에서 태어났다.

당시 스코틀랜드는 북쪽 땅끝의 가난한 나라로, 유럽의 다른 국가에

스코틀랜드의 주요 성 에든버러 성

비해 문화적으로도 뒤처져 있었다. 왕가의 수입도 잉글랜드 왕가의 20분의 1밖에 되지 않았다. 게다가 런던이나 파리 같은 대도시, 또 이탈리아나 네덜란드 곳곳에 자리한 상업 도시도 없었다. 마을밖에 없는 황량한 땅이었던 셈이다. 오랫동안 잉글랜드군이 약탈을 일삼으며 불을 이용해 공격한 탓에 땅이 황폐해졌고, 스코틀랜드 귀족들의 크고 작은 분쟁은 이를 한층 더 악화시켰다.

원래 메리가 태어난 스튜어트 왕가는 스코틀랜드 왕의 왕실 집사장(영어로 스튜어트)을 세습한 하급 귀족 가문이었다. 이 경우 직업이 가문 이름이 된 것이다.

떠오르는 스튜어트가에 대한 스코틀랜드 귀족들의 반발은 상당했다. 이 무렵의 스코틀랜드 귀족들은 가톨릭(프랑스파)과 개신교(잉글랜드파)로 나뉜 데다 스튜어트가를 뒤집고자 호시탐탐 기회를 엿보고 있었다. 중국 전국시대戰國時代의 제후들이나 오늘날 정치인들의 싸움을 연상하면 될 듯하다.

국내 사정이 이러한 때에 제임스 5세와 마리 드 기즈가 요절한 아들 둘 다음이자 마지막으로 얻은 자식이 메리였다.

당시 제임스는 종교개혁을 둘러싸고 숙부인 잉글랜드 왕 헨리 8세를 상대로 한 솔웨이 모스 전투에서 패배한 지 한 달밖에 안 되었을 때였다. 실의와 병으로 지친 제임스에게 왕녀의 탄생은 정신적으로 큰 타격을 주었다. 무엇보다 자신의 뒤를 이을 아들을 간절히 바라던 그였다. 제임스에게는 서자인 아들이 있었지만, 크리스트교 국가에서는 혼외자의 왕위 계승을 인정하지 않았기 때문이다. 제임스는 메리가 태어나고 엿새 후에 서른의 나이로 급사하고 만다.

결국 정부인의 자식으로 태어난 메리가 생후 엿새 만에 스코틀랜드 최초의 여왕으로 즉위한다. 압도적인 남성사회였던 당시의 유럽에서 여성이 왕이 된다는 것은 보통 사태가 아니었다. 당연히 국민들도 여성 군주 따위는 바라지 않았다.

✿

프랑스로 망명하다

메리는 생후 5개월 만에 잉글랜드의 에드워드 황태자(엘리자베스의 이복동생으로 훗날의 에드워드 6세)와 혼약을 맺었다. 이는 스코틀랜드와의 합병을 염두에 둔 헨리 8세가 군사력을 분산시켜 압박해 이뤄진 것이었다.

당시에 잉글랜드는 로마 교회에서 분리된 국가였다. 열성적인 가톨릭 교도였던 마리 드 기즈는 독자적인 국교회를 믿는 데다 왕비가 차례로 형장의 이슬이 된 피비린내 나는 궁정으로 사랑하는 딸 메리를 보내는 것은 상상도 할 수 없었다.

한시라도 빨리 메리를 확실한 인질로 만들고자 잉글랜드군이 수차례에 걸쳐 스코틀랜드를 공격하는 상황에서 마리 드 기즈가 스코틀랜드의 독립을 지키려면 고향 프랑스에 기댈 수밖에 없었다. 프랑스 왕가에는 앙리 2세와 카트린 드 메디시스 사이에 태어난 황태자 프랑수아가 있었다. 1548년 7월에 메리와 에드워드 6세의 혼약이 파기되고 프랑수아 황태자와의 혼약이 성사된다. 다섯 살의 어린 나이에 스코틀랜드 여왕이자 프랑스 황태자비로서 메리의 미래가 결정된 것이다.

딸의 안전을 우려한 마리 드 기즈는 곧장 메리와 이름과 나이가 같은 네 명의 시녀를 대동해 딸을 프랑스로 떠나보낸다. 이후 13년 동안 메리는 프랑스 궁정에서 지낸다.

프랑스에 도착한 메리는 작고 사랑스러운 데다 똑똑해 궁정 사람들의 마음을 사로잡는다. 앙리 2세도 자신의 아이들보다 메리를 더 귀여워했을 정도다. 왕은 스코틀랜드 여왕이자 미래에 프랑스 왕비가 될 메리를 자기 자녀들보다 높여 대우했다. 디안 드 푸아티에 역시 고향을 떠나 프랑스에서 지내는 메리를 안쓰럽게 여기며 교육을 도왔고, 메리 역시 디안을 존경하며 따랐다. 메리는 프랑스 궁정에 금방 녹아들었다. 다만 궁정 사람들의 영향을 받아 그녀도 조용한 카트린을 '장사꾼의 딸'이라며 깔보았다. 그리고 이 행동으로 훗날 혹독한 대가를 치르게 된다.

프랑스의 궁정에서 교육을 받은 메리는 잉글랜드에서 교육을 받은 엘리자베스와 교양과 문예를 대하는 자세가 달랐다. 메리도 엘리자베스와 마찬가지로 라틴어에 능통했고, 프랑스어로 시를 썼으며, 악기 연주와 춤에도 능했다. 하지만 보수적인 앵글로색슨적인 환경에서 교육을 받은 엘리자베스가 진정한 우등생 타입이었던 데 반해, 메리는 자유로운 라틴

기질을 가진 프랑스에서 자란 영향으로 느긋한 면이 있었다.

게다가 어머니가 처형된 후에 서녀의 신분으로 떨어진 엘리자베스는 이복언니 메리 1세에 의해 모반죄로 내몰린다. 이에 따라 그녀를 의식한 엘리자베스는 이성적인 여성으로, 금이야 옥이야 귀하게 자란 메리는 감수성이 풍부한 여성으로 성장한 것은 당연한 일이었다.

좋든 나쁘든, 성장 환경과 교육의 차이가 여왕과 여성으로서의 둘의 운명을 크게 좌우하게 된 것이다.

순진무구한 결혼

120쪽의 초상화는 메리가 첫 결혼을 한 직후에 그려졌다. 1558년 4월 28일, 늘씬한 미소녀로 자란 메리와 어린 시절부터 궁정에서 함께 자란 프랑수아 황태자의 결혼식이 파리의 노트르담 대성당에서 거행되었다.

의상에 신경을 많이 쓰던 메리는 이날도 순백의 드레스에 보석을 장식한 모습으로 결

프랑수아 클루에. 〈황태자 프랑수아〉. 루브르 박물관

혼식에 참석한 사람들을 매료시켰고 파리 시민들을 흥분의 도가니로 몰아넣었다. 스코틀랜드 여왕이면서 프랑스 황태자비로 등극한 메리는 열다섯이라는 어린 나이에 인생의 정점을 맛보게 된다.

같은 해 11월 17일에 엘리자베스가 잉글랜드 여왕으로 즉위한다. 하지만 프랑스 왕 앙리 2세는 잉글랜드를 프랑스의 영토로 만들고자 하는 야심 때문에, 가톨릭교는 이혼을 인정하지 않는다는 점을 내세워 헨리 8세와 앤 불린의 결혼을 무효라고 지적하며 엘리자베스를 왕위 약탈자로 규탄한다. 앙리는 헨리 7세의 증손인 메리야말로 스코틀랜드 여왕이자 프랑스 황태자비이며 진정한 잉글랜드 여왕이라고 선언했다. 로마 교황청 역시 엘리자베스를 서녀로 인정하며 앙리 2세의 손을 들어주고는, 메리 1세(엘리자베스의 이복언니)의 뒤를 이을 왕위 계승자는 메리 스튜어트라고 주장했다.

이에 메리는 악의 없이 자신의 문장紋章에 잉글랜드의 왕관을 집어넣는데, 이 일로 엘리자베스는 크게 격노한다. 엘리자베스의 출생을 부정하고 그녀가 정식 왕위 계승자임을 인정하지 않는 사람들은 로마 교황과 프랑스 왕뿐만 아니라, 잉글랜드 내에도 존재했기 때문이다.

이후 1560년 메리가 참석하지 않은 상태에서 에든버러 조약이 맺어졌다. 이 조약에는 메리가 잉글랜드의 왕위 계승권을 포기하고 엘리자베스를 잉글랜드 여왕으로 인정하며, 잉글랜드의 왕관이 들어간 문장을 사용하지 않는다는 약속이 들어 있었다. 하지만 메리는 조약을 승인하지 않고 문제의 문장을 계속 사용한다. 게다가 엘리자베스의 기분은 아랑곳하지 않고 남편 프랑수아와 함께 공식 문서에 '프랑스, 스코틀랜드, 잉글랜드 및 아일랜드 통치자'라고 서명하기 시작했다.

콤플렉스 없이 순진무구하게 자란 메리는 너무도 쉽게 엘리자베스를 적으로 만들었고, 자신에게 돌이킬 수 없는 숙명을 스스로 초래하게 된다.

젊은 미망인

메리는 열다섯 살에 인생의 정점을 맛보지만 그 후의 삶은 급격히 달라진다. 결혼한 이듬해의 7월 10일, 시아버지인 프랑스 왕 앙리 2세가 서거한다. 곧 그녀의 남편이 열다섯의 나이로 프랑수아 2세에 즉위하고 메리는 보석처럼 아름다운 프랑스 왕비가 되었다.

하지만 왕비가 된 메리는 아직도 열여섯 살에 불과했으며 그녀의 주위에는 호시탐탐 권력을 노리는 어른들로 가득했다.

프랑수아의 외삼촌인 로렌느 지방의 추기경 샤를(1524~1574년)은 그녀가 왕비 자리에 앉자마자 나라의 최고 권력자인 양 행동했고 프랑스에서 가장 미움을 받는 존재가 되었다.

왕태후가 된 카트린 드 메디시스 역시 반反 기즈파 귀족들을 모아 행동에 나섰다. 카트린은 어린 시절부터 병약했던 프랑수아 2세의 치세가 오래 가지 못할 것이라 생각했다. 그래서 다음 왕위 계승자인 차남 샤를(훗날 샤를 9세, 재위 1561~1574년)이 즉위해 섭정을 하며 권력을 휘두를 날을 고대하고 있었다.

카트린의 예상은 잘 맞아떨어졌다. 카트린의 예상이라기보다는 그녀가 믿었던 점성술사의 예측이 맞았다는 편이 옳겠다.

왕으로 즉위한 이듬해인 1560년 11월 중순, 선천적으로 이비인후과 계열의 지병을 갖고 있던 프랑수아 2세는 중이염이 발병하면서 쓰러지고 만다. 프랑스 제일의 외과의사가 귀를 절개하고 고름을 제거하는 수술을 하면 생명은 구할 수 있다고 진단했지만, 어머니 카트린은 수술을 거부한다. 고름이 뇌까지 찬 프랑수아는 1560년 12월 5일에 16년의 생애를 마쳤고, 그로부터 사흘 후면 열여덟 살의 생일을 맞이하는 메리는 미망인이 되었다.

프랑스 왕가의 풍습에 따라 메리는 수도원의 검은 방에서 흰 옷을 입고 40일 동안 상을 치렀다. 129쪽의 초상화가 그려진 때는 1559년부터 1560년 사이로 보인다. 메리가 시아버지인 앙리 2세, 어머니인 마리 드 기즈, 남편인 프랑수아 2세 등 차례로 가까운 사람을 잃었던 시기다.

상이 끝나자 프랑스 궁정에서 메리의 입지는 좁아졌다. 과거에 메리가 '장사꾼의 딸'이라고 폄하한 시어머니 카트린이 이제는 궁정에서 가장 높은 여성인 것이다. 프랑수아 2세의 서거를 계기로 두 사람의 입장이 뒤바뀐 것이다.

그렇지만 전 프랑스 왕비인 메리는 경치가 뛰어난 루아르에 영지를 소유하고 있었기 때문에 마음만 먹으면 편하고 자유롭게 프랑스에서 살 수도 있었다. 미모가 꽃피는 나이인 만큼 구혼자도 쉽게 찾을 수 있을 터였다.

하지만 전 왕비의 신분에 만족하면서 장사꾼의 딸에게 고개를 숙이는

화가 미상.
〈흰 상복을 입은
메리 스튜어트의 초상〉.
1559~1560년.
왕실 컬렉션 (영국)

인생은 그녀의 자존심이 허락하지 않았다. '세 살 버릇 여든까지 간다'는
말이 있지 않은가. 생후 엿새 만에 스코틀랜드 여왕으로 즉위한 그녀에
게는 무엇보다 자신이 소중했다.

메리의 높은 자존심은 그녀로 하여금 고향으로 돌아가 스코틀랜드 여
왕으로서 살아갈 결심을 하게 만들었다.

미모의 여왕

1561년 8월 14일, 메리 일행은 익숙한 파리의 궁정을 뒤로하고 스코틀랜드를 향해 출항한다. 그렇게 메리는 13년을 살았던 프랑스에 영원한 작별을 고했다.

하지만 젊고 아름다운 여왕을 기다리고 있는 것은 스코틀랜드의 냉혹한 현실이었다. 프랑스나 잉글랜드에 비해 너무도 가난하고, 어둡고, 그리고 문명과 정치 면에서도 뒤처진 고국의 현실은 그녀가 상상한 이상으로 참담했다.

수도 에든버러에 도착한 메리는 왕권의 무력함을 실감하고, 당장 이복오빠인 제임스 스튜어트(1531~1570년)에게 섭정을 맡긴다. 참고로 당시는 제임스가 개신교였듯이 스코틀랜드인 대부분이 개신교로 개종한 상태였다. 반면 메리는 타국에서 자란 데다 젊은 여성이며 가톨릭 교도였다. 사실상 혼자의 힘으로 나라를 통치하기란 어려웠다.

작가 미상인 오른쪽의 초상화는 메리가 스코틀랜드에 있던 시절의 작품이다. 회화 문화가 발전하지 않은 탓인지 이 시기에 그려진 그녀의 초상화는 매우 드물다. 당시의 나이는 열아홉에서 스물다섯 사이였다.

수준 높은 초상화라고는 할 수 없지만, 절세의 미모를 구가한 그녀의 모습을 살펴볼 수 있다. 사람들의 시선을 끄는 메리의 세련된 패션 센스는 어린 시절에 숭배했던 디안 드 푸아티에의 영향을 받았다. 예나 지금

화가 미상 〈스코틀랜드 여왕 메리 스튜어트〉.
1561년~1567년, 애버딘 블레어즈 미술관

이나 미모에 자신이 있는 여성일수록 세련된 의상을 선호하는 경향이 있다. 참고로 그녀는 가면무도회에서 남장男裝을 즐겼는데, 남장은 늘씬하고 아름다운 여성만이 소화할 수 있는 패션의 대명사였다.

그리고 어느 시대든 아름답고 세련된 군주는 국민에게 자부심을 주는 법이다. 가톨릭 교도인 데다 반은 프랑스인의 피가 흐르는 여왕이었지만, 소박한 스코틀랜드 국민들도 서서히 그녀를 자랑스럽게 여기게 된다. 로맨티스트였던 메리 역시 프랑스와 달리 황량하지만 신비로운 경치가 펼쳐진 스코틀랜드의 아름다움에 눈을 뜬다.

원래 정이 많고 감상적인 메리는 같은 헨리 7세의 피가 흐르는 아홉 살 위의 엘리자베스에게 그동안의 다툼을 잊고 '친애하는 언니'라며 편지를 보낸다. 엘리자베스도 '좋은 동생'이라 부르면서 자주 편지를 주고받는다. 하지만 엘리자베스는 결코 경계심을 풀지 않았다. 왕위 계승 자격을 가진 메리의 존재가 언제 그녀를 지금의 지위에서 끌어내릴지 모를 일이었기 때문이다.

게다가 엘리자베스는 미모로 유명한 메리에게 강한 경쟁심을 느끼고 있었다.

로맨티스트인 메리는 친하게 편지를 주고받다 보니 만난 적도 없는 엘리자베스를 진심으로 좋아하게 된 듯하다. 어렸을 때부터 늘 자신이 중심이었고 콤플렉스 없이 자란 메리는 복잡한 생애에서 오는 엘리자베스의 콤플렉스나 그녀의 까다로운 기질을 이해할 수 없었다. 그리고 여자로서 엘리자베스를 경쟁자로 생각하지도 않았다. 똑똑한 엘리자베스는 이런 메리의 성질을 꿰뚫고 있었다. 그리고 자신의 허영심과 경계심 때문에 메리와의 만남을 계속 거부했다.

처음 느낀 사랑

얼마 지나자 주위에서도, 또 메리 본인도 재혼을 생각하게 된다. 미모의 스코틀랜드 여왕은 신붓감으로 모자랄 데가 없었지만, 엘리자베스가 고민한 것처럼 신랑을 고르는 데서 문제가 발생했다.

엘리자베스의 입장에서는 만약 메리가 유럽 최고의 신붓감이 되어 가톨릭 왕족과 결혼하게 된다면 잉글랜드의 가톨릭 교도와 협력해 자신의 지위를 위협할 가능성도 있었다. 당시 엘리자베스는 모레이 백작이 된 메리의 이복오빠 제임스를 비롯한 많은 스코틀랜드의 개신교 귀족들에게 금전적인 지원을 하면서 자신의 영향력을 유지하고 있었다. 그럼에도 엘리자베스는 더욱 신뢰할 수 있는 자신의 수족을 메리 곁에 두고 싶어 했다.

결국 엘리자베스는 메리의 배우자로서 자신의 애인이자

화가 미상. 〈모레이 백작〉.
1561년

English School의 화가. 〈로버트 더들리〉.
1564년 경

화가 미상. 〈단리 경의 초상〉.
1564년

레스터 백작의 작위를 받은 로버트 더들리를 추천한다. 하지만 천진한 메리도 이 일만큼은 모욕으로 받아들이고 무시한다.

　그런 메리 앞에 나타난 사람이 바로 세 살 연하의 단리 경 헨리 스튜어트(1545~1567년)였다. 그는 메리와 같은 가톨릭 교도이자 스튜어트가의 일원이었다. 메리와 마찬가지로 스코틀랜드 왕 제임스 2세(재위 1437~1460년)의 자손이면서 잉글랜드 왕 헨리 7세의 증손이기도 했으므로, 스코틀랜드와 잉글랜드 양국의 왕위 계승권을 가지고 있었다.

　단리는 스코틀랜드 귀족으로 자랐지만 아버지가 1544년의 잉글랜드와의 전쟁에서 상대의 편을 든 이후로 잉글랜드 귀족으로 엘리자베스의 궁정에서 일하고 있었다.

1565년 2월, 메리는 키가 크고 아름다운 청년으로 성장한 그에게 매료된다. 무엇보다도 무뚝뚝한 스코틀랜드 귀족들 가운데서 단연 돋보이는 그의 우아함과 기품이 그녀의 마음을 훔쳤다.

사실 단리는 훌륭한 외모를 가진 귀공자였지만, 내면적으로는 지성이 부족하고 성격이 오만해 걸핏하면 자존심만 앞세웠다. 그럼에도 메리의 사랑은 맹목적이었다. 소꿉친구였던 프랑수아 2세와 달리 단리는 그녀가 처음 느낀 사랑의 대상이었다.

갑자기 두 사람의 결혼 이야기가 나오자 주위에서는 거세게 반대했다. 특히 메리가 잉글랜드의 왕위 계승권을 가진 단리와 결혼하는 데 위협을 느낀 엘리자베스의 반대는 대단했다. 심지어 그녀는 메리에게 자신이 추천한 로버트 더들리와 결혼하면 잉글랜드의 왕위 계승권을 약속하겠다고 말할 정도였다. 하지만 사랑에 빠진 메리는 이미 잉글랜드의 왕위 계승권 따위는 안중에도 없었다. 메리는 단리와의 결혼을 반대하는 엘리자베스에게 그녀 말대로 잉글랜드 귀족을 고르지 않았느냐고 반론한다.

개신교도가 다수인 스코틀랜드 의회 역시 가톨릭 교도인 오만한 잉글랜드 귀족과의 결혼을 반대한다.

하지만 처음으로 사랑의 감정에 빠진 메리에게는 어떤 말도 들리지 않았다.

둘은 1565년 7월 29일, 홀리루드 궁전의 예배당에서 결혼식을 올렸고 메리는 곧장 단리를 스코틀랜드 왕 헨리로 선언했다.

반란, 출산, 그리고 추락

하지만 결혼생활은 일 년도 가지 않아 최악의 상태에 빠진다. 사랑의 마법이 풀리고 단리의 본모습이 드러나면서, 메리에게 그는 견디기 힘든 남편에 불과했다.

그런 상황에서 메리에게 든든한 친구가 된 사람이 데이비드 리치오 (1533년 경~1566년)였다. 이탈리아 피에몬테 출신의 음악가인 그는 1561년에 외교적 사명을 띠고 스코틀랜드를 방문했다가 궁정에 정착했다. 리치오의 뛰어난 어학 및 사무 능력을 높이 산 메리가 그를 자신의 비서로 임명한 것이다.

부부의 감정이 완전히 식으면서 잠자리도 같이 하지 않게 된 무렵, 얄궂게도 메리는 자신이 임신한 사실을 알게 된다. 그러자 가톨릭 교도이자 외국인이었던 리치오의 중용에 위기감을 느끼던 귀족들이 움직이기 시작했다. 망명 중인 모레이 백작을 선두로 그들은 메리의 눈앞에서 리치오를 암살하여 그녀가 사산하게 한 뒤 여왕의 권한을 박탈하고자 했다. 이후에는 단리를 꼭두각시로 삼아 단독 왕으로 만들고 상황을 지켜보려 했다. 메리에 대한 명백한 반란이었다.

1566년 3월 9일, 홀리루드 궁전에서 메리와 저녁을 먹다가 끌려 나간 리치오는 오십 군데도 넘게 찔려서 사망했다. 그의 비명과 애원하는 목소리를 들으면서도 메리는 아무것도 할 수 없었다. 그녀가 움직이지 못하도록 암살범 중 하나가 메리의 배를 향해 권총을 들이댄 데다 뒤에서는 단리가 몸을 잡고 있었기 때문이다.

반란군에 의해 궁전에 갇힌 메리는 이튿날 단리를 자신의 침실로 유혹하고는 아무 일도 없었다는 듯이 행동했다. 이는 단리를 제 편으로 만들어 탈출을 돕게 하기 위한 완벽한 연기였다.

데이비드 리치오 (1564년의 초상화 복사본)

자신과 뱃속 아이의 목숨까지 위험에 노출되자, 그녀의 마음속에는 복수의 불길만이 타올랐다.

이튿날, 단리의 도움을 받은 메리는 한밤중에 하인들이 드나드는 문을 통해 탈출에 성공하고 3개월 후인 6월 19일에는 에든버러 성에서 난산 끝에 무사히 제임스 왕자를 출산한다. 스코틀랜드는 왕위 계승자의 탄생에 기쁨으로 물들었다.

그 소식은 서른이 넘어서도 독신을 고수하던 엘리자베스의 마음에 차가운 비수가 되어 꽂혔다. 그녀가 "나는 말라비틀어진 나무"라며 오열했다는 일화도 전해진다.

그런데 무사히 어머니가 된 메리의 인생에 또 한 명, 그녀를 파멸로 몰고 갈 야성적인 남자가 등장한다. 바로 스코틀랜드 명문가 출신 귀

홀리루드 궁전

족인 보스웰 백작 제임스 헵번 (1535~1578년)이었다. 부드러운 단리와 정반대의 타입인 그에게서 처음으로 거친 마성과 사랑의 기술을 경험한 메리는 여자로서 꽃을 피웠다.

그런데 그녀의 운명을 뒤흔들 결정적인 사건이 발생한다.

당시 메리는 방탕한 생활로 인해 매독이라는 병을 얻고 글래스고에서 요양 중이던 단리에게 에든버러로 돌아올 것을 권했다. 그 말을 듣고 돌아온 단리가 에든버러의 커크 오 필드의 성에 머무르던 중 사건이 터지고 말았다. 1567년 2월 10일 새벽, 에든버러에서는 굉음과 함께 단리가 머물던 성이 폭파됐고 정원의 한구석에서 목 졸려 죽은 단리의 시체가 발견되었던 것이다.

사건이 있은 지 일주일 쯤 지나자 에든버러에 메리와 보스웰 백작이 살인사건의 공범임을 암시하는 전단이 배포되었다.

이 불행한 사건을 알게 된 엘리자베스는 메리에게 편지를 써 암살사건의 진범을 찾아 명예를 지키라고 강력히 충고한다. 메리에 대한 그녀 나름의 인정의 표시였다. 하지만 감상적인 메리는 엘리자베스의 충고를 받아들이지 않는다.

세 번째 결혼, 더해지는 역경

단리의 아버지가 보스웰 백작을 암살 용의자로 고발하지만 속이 뻔히 들여다보이는 연극 같은 재판 끝에 보스웰 백작은 무죄로 풀려난다.

그로부터 약 일주일 후인 1567년 4월 23일, 메리는 스털링 성에서 자라던 생후 10개월의 아들 제임스를 만나러 간다. 하지만 다음 날 에든버러로 돌아오던 그녀는 보스웰 백작에게 유괴당해 던바 성으로 끌려가 강간을 당한다.

당시에는 강간을 당한 여성은 상대방과 결혼하지 않고는 얼굴을 들고 다닐 수 없었다. 때문에 주위에서도 이 둘의 결혼을 인정하지 않을 수 없도록, 뻔히 속이 보이는 연극을 해야만 했던 것이다. 보스웰 백작에게는 1년 전에 정략결혼한 부인이 있었지만, 메리를 감금했던 12일 사이에 이혼 허가를 받아냈을 만큼 그는 용의주도하게 움직였다.

5월 15일, 에든버러로 돌아온 두 사람은 홀리루드 궁전의 넓은 거실에서 개신교식으로 결혼식을 올린다. 보스웰 백작이 개신교도였기 때문이다.

스물다섯의 나이에 세 번째 결혼식을 올린 메리는 조울증과 히

제임스가 자란 스털링 성

로크리븐 성

스테리를 되풀이했다. 거듭되는 사랑과 음모, 비참한 사건으로 인해 그녀 스스로 무엇을 해야 좋을지 몰랐을 수도 있다. 하지만 일반인이라면 몰라도 여왕은 늘 주위에 신경을 써야 하는 존재이건만, 그녀에게는 엘리자베스가 가진 이성적인 요소가 결여되어 있었다.

보스웰 백작과의 평범하지 않은 결혼은 그녀의 명성을 실추시킨다. 로마 교황도 절연을 선언했고 엘리자베스도 둘의 결혼을 인정하지 않았다. 스코틀랜드 귀족과 국민들이 맹렬히 반대했음은 물론이다.

그러던 중 보스웰 백작을 싫어하는 귀족들이 급기야 반란을 일으키게 된다. 오크니 공이 된 보스웰과 메리는 결혼한 지 한 달 뒤인 1567년 6월 15일에 에든버러 동쪽 12킬로미터 지점에 있는 카베리 언덕에서 반란군에게 투항하게 된다. 남편 보스웰은 항복 조건으로 자유를 약속받고 그녀 앞에서 영원히 사라지는 길을 택하게 된다. 둘은 거듭 키스를 나눴고, 메리는 말을 타고 멀리 사라지는 남편의 뒷모습을 계속 지켜보았다고 전해진다.

덴마크로 도망친 보스웰은 스코틀랜드 왕(단리)의 암살범으로 구속당하고 지하 감옥에 수감되는데, 반미치광이가 되어 1578년 4월 14일에 세상을 떠난다.

한편 메리는 반란군 병사와 민중들로부터 쏟아지는 비난과 굴욕을 받

니콜라스 힐리야드, 〈유폐 중인 메리 스튜어트〉.
1578년, 영국 국립 초상화 미술관

으며 에든버러로 돌아온 후에 리오반 호수의 성에 갇힌다. 그곳은 탈출
이 불가능해서 정치범을 가두는 감옥으로도 쓰이는 곳이었다. 반란군이
정권을 탈취하면서 메리의 사유재산은 몰수된 상황이었다.

임신 중이던 메리는 뱃속의 아이를 사생아로 만들고 싶지 않았다. 그
래서 보스웰과의 결혼을 무효화하는 것을 거부하지만, 허무하게도 7월
중순에 쌍둥이를 유산하고 만다. 그리고 그녀를 폐위시키려는 세력은 유

화가 미상. 〈유폐 중인 메리 스튜어트〉.
1580년 경. 켈빈그로브 미술관 및 박물관
(스코틀랜드 글래스고)

산으로 몸이 쇠약해진 그녀에게 '목구멍을 끊어놓겠다'고 협박해 메리 스스로 퇴위하도록 만든다.

이리하여 스코틀랜드는 생후 13개월인 메리의 아들을 새로운 군주로 맞이하는데, 그가 바로 제임스 6세다.

이어 메리의 이복오빠인 모레이 백작이 섭정을 하게 되면서 대망의 개신교 정권이 확립된다. 어머니의 바람도 소용없이 제임스 6세는 개신교도로 자라게 된 셈이다.

순교자 메리

1568년 5월 2일, 메리는 성주城主인 남동생의 도움으로 탈출에 성공한다. 그녀는 자신을 지지하는 귀족들의 병사를 이끌고 모레이 백작의 군사를 상대로 격전을 치르지만 참패로 끝난다.

싸움에 패한 뒤 3일 동안 말을 타고 패주敗走하던 메리는 잉글랜드로 갈 결심을 굳히게 된다. 프랑스로 도망갈 수도 있었지만, 스물다섯 살의 메리의 자존심이 프랑스행을 거부했다.

비참해진 자신의 모습을 카트린 드 메디시스가 군림하는 프랑스 궁정에 보인다는 것은 상상도 할 수 없었으리라.

엘리자베스는 메리가 잉글랜드에 상륙했다는 소식에 경악한다. 메리는 잉글랜드의 왕위 계승권을 포기하는 에든버러 조약에 서명조차 하지 않은 상태였고, 그런 그녀의 존재는 잉글랜드 국내 정세를 불안정하게 만들 가능성이 있었기 때문이다.

그렇다고 엘리자베스의 왕위 계승을 인정하지 않는 프랑스와 스페인 같은 가톨릭 국가로 추방이라도 했다가는 그들이 메리를 앞세워 잉글랜드에 전쟁을 걸어올지도 모르는 일이었다.

온정을 기대하고 찾아온 메리를 엘리자베스는 차가운 이성으로 대했다. 메리와의 만남을 거부하고 그녀를 잉글랜드의 성에 연금시킨 것이다. 메리는 그제야 현실을 깨닫지만 이미 너무 늦은 때였다.

결국 그녀는 18년이라는 긴 세월을 유폐당한 채 보내게 된다. 건강을 지키지 못해 체형도 망가지고 정신도 쇠약해졌다. 메리에게 엘리자베스는 더 이상 '친애하는 언니'가 아닌 적이었고, 그녀는 엘리자베스를 폐위시키려는 몇몇 음모에 가담한다. 그러던 1586년, 엘리자베스의 암살계획에 가담한 이유로 메리의 처형이 정해진다.

하지만 메리는 암살미수범이 아닌 가톨릭의 순교자로서 처형에 임하기로 결심한다. 처형대가 그녀가 마지막으로 빛나는 무대가 되는 것이다.

엘리자베스도 두 달 반 동안 메리의 사형 선고서에 서명을 하지 못하

화가 미상. 〈메리 스튜어트의 처형 장면〉. 1613년

고 주저했다. 그러나 마침내는 서명하여, 마흔네 살의 메리는 1587년 2월 8일에 포더링게이 성에서 처형당한다. 그녀의 말에 따르면 '명예로운 순교'였다.

순교자를 상징하는 색인 붉은 드레스를 입은 메리의 마지막은 그녀를 비롯해 그곳에 함께한 사람들의 상상을 초월할 만큼 끔찍했다.

사형 집행인이 목을 한 번에 베는 데 실패했기 때문이다. 힘을 다해 참수하고, 가발인 줄도 모르고 적갈색의 머리를 잡자마자 메리의 목이 바닥으로 굴러 떨어졌다고 한다.

정말이지 그녀는 마지막까지 극적인 인생을 살게끔 정해진 운명이었나 보다. 군주로서의 삶을 선택한 엘리자베스와 달리 메리는 한 사람의 여자로서 살다 간 것이다.

*

하지만 두 사람의 인연은 여기서 끝나지 않았다. 엘리자베스는 생전에 후계자를 지명하지 않았는데, 그 결과로 그녀가 죽은 후에 잉글랜드는 메리의 아들이 통치하게 된다.

참으로 놀라운 반전이 아닐 수 없다.

Daniel Mytens 1세.
〈잉글랜드 왕 제임스 1세의 초상〉.
1621년 경

Gabrielle d'Estrées

제 **8** 장

왕과 국가를 위해 산,
왕비가 될 뻔한 여인

가브리엘 데스트레

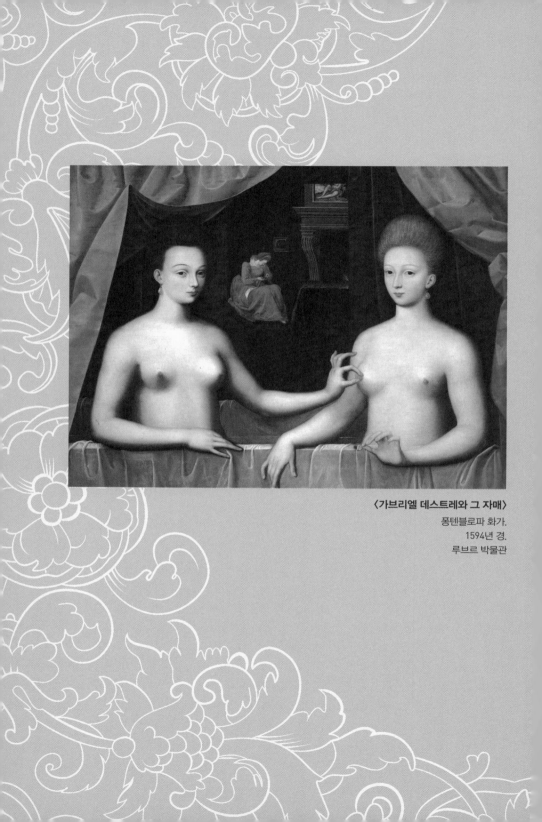

〈가브리엘 데스트레와 그 자매〉
퐁텐블로파 화가.
1594년 경.
루브르 박물관

부르봉 왕조의 탄생

메리가 처형되고 2년이 지난 1589년 1월에 그녀의 시어머니였던 카트린 드 메디시스가 세상을 떠난다. 프랑스의 정치와 궁정을 쥐락펴락했던 그녀의 죽음은 발루아 왕조의 종말을 암시했던 것이다. 이때부터 프랑스는 큰 역사의 파도에 휘말리면서 부르봉 왕조가 새로이 등장하게 된다.

잠시 시간을 거슬러 올라가보자.

앞서 이야기했듯이 메리의 남편이던 프랑수아 2세는 즉위한 지 1년 만에 요절한다.

이후 카트린의 생각대로 차남인 샤를이 샤를 9세(재위 1561~1574년)로 즉위한다. 그리고 1572년 8월 17일, 프랑스 내의 가톨릭과 개신교간의 융화를 위해 샤를의 여동생 마르그리트와 개신교도인 나바르의 앙리(훗날의 앙리 4세)가 결혼식을 올린다.

이날을 위해 많은 개신교도가 파리로 모여들었는데, 8월 24일 성 바르톨로메오 축일에 개신교도들이 대학살되는 사건이 일어난다. 가톨릭 교도들은 남녀노소를 가리지 않고 수천 명의 개신교도를 학살하고 그들의 재산을 약탈했다. 이 악몽과도 같은 학살은 프랑스의 곳곳에 불똥을 튀

프랑수아 클루에. 〈앙리 3세〉.
1570년. 콩데 미술관

겼고, 결국 프랑스의 개신교도 대부분은 가톨릭으로 개종하거나 스위스로 망명해야만 했다.

이 사건으로 트라우마를 얻었던 것인지 2년 후에 샤를 9세는 스물셋의 나이로 세상을 떠난다.

그 결과 1574년에 카트린의 셋째 아들인 앙리가 앙리 3세로 즉위한다. 앙리는 카트린의 기질을 많이 닮은 덕분인지 어머니의 사랑을 가장 많이 받았다고 한다.

국내의 종교전쟁이 악화되는 상황에서 앙리 3세는 근위병에게 명해 가톨릭 세력의 중심인물인 기즈공 앙리 1세(1550~1588년)를 암살한다. 프랑스의 가톨릭 교도들이 앙리 3세에게 격노했음은 말할 것도 없다.

급기야 앙리 3세는 1581년 8월 1일 도미니크의 수사 자크 클레망(1567~1589년)에게 암살당하게 된다. 어머니가 죽은 지 7개월 후의 일이었다. 어쨌든 노스트라다무스가 카트린에게 한 예언(그녀의 아들들은 모두 왕위에 앉을 것이다)은 적중한 셈이다.

261년간 이어진 발루아 왕조는 앙리 3세의 죽음을 기점으로 단절된다.

그 후에 살리카 법에 따라 프랑스 왕으로 즉위한 사람이 바로 나바르의 앙리였다. 즉, 앙리 4세(재위 1589~1610년)가 프랑스를 다스리게 되면서 부르봉 왕조가 시작된다.

모든 것은 왕을 위해서

앙리 4세와 부인 마르그리트 드 발루아의 결혼생활은 처음부터 미지근했다. 국내 정세도 안정되지 않은 불온한 궁정에서 프랑스 왕으로 즉위한 후 몇 년이 지나 앙리 4세가 애정을 준 상대는 가브리엘 데스트레(1571~1599년)였다. 쾨브르 후작의 딸인 그녀는 앙리 4세보다 열여덟 살이 어렸다.

가브리엘은 흡사 디안 드 푸아티에가 되살아난 것이 아니냐고 할 만큼 아름다웠다. 큰 키에 날씬한 몸매, 아름다운 금발의 가브리엘은 경건한 가톨릭 교도이며 정치에도 관여했다는 점에서 디안과 비슷했다.

표면적인 부부에 불과했던 마르그리트와 달리 가브리엘은 앙리 4세를 위해 몸과 마음을 다해 헌신했다. 당시 앙리는 몇 년 동안이나 프랑스 각지에서 반란군과 싸워야 했는데, 가브리엘은 만삭의 몸으로도 전장의 천막에서 새어드는 바람을 맞으며 왕의 곁에서 식사와 빨래를 도왔다. 때로는 왕을 위해 금전적으로 수완을 발휘했고, 전장에서는 쏟아지는 포탄 속에서 병사들을 격려하기도 했다. 그야말로 '총희의 귀감'이 되기에 부족함이 없었다.

프랑스 포르부스 2세, 〈앙리 4세〉, 17세기   클루에, 〈마르그리트 드 발루아〉, 16세기 후반

　그녀는 신앙 면에서도 앙리에게 영향을 끼쳐 1593년에는 앙리를 가톨릭으로 개종시켰다. 이즈음 앙리 자신도 프랑스가 개신교도인 왕을 받아들이지 않는다는 것을 절감하고 있던 터였다. 그리하여 앙리는 1594년 2월 27일에 프랑스 왕으로서 정식 대관식을 거행할 수 있었다. 그가 즉위하고 4년 반 후의 일이었다.

　그 무렵 앙리 4세는 자신의 아이를 임신 중이었던 가브리엘을 위해 그녀의 늙은 남편인 리앙쿠르의 영주 니콜라 다메르발과의 결혼을 무효화하고자 애썼다. 결혼이 무효임을 교회가 인정하도록 리앙쿠르에게 왕권을 행사해 스스로가 성적 불능을 인정하게 한 것이다. 이리하여 그녀는 자유의 몸이 되었고, 1594년 6월 3일에는 앙리와의 사이에 장남 세자르 드 부르봉도 탄생한다. 1595년에 앙리 4세와 파리 의회에서 인지認知(혼인

외에 출생한 자녀에 대해 친부모가 자기 자식임을 확인하는 일—옮긴이)된 세자르는 방돔 공작이 된다.

가브리엘은 세자르 이외에도 앙리와의 사이에서 딸 카트린 앙리에트 (1596~1663년)와 아들 알렉산드르(1598~1629년)를 낳았는데, 둘도 똑같이 인지되었다. 앙리는 자신의 아이를 낳은 가브리엘에게 1596년에는 몽소 후작부인, 이듬해에는 보포르 공작부인의 작위를 하사했다.

＊

148쪽의 두 여성이 목욕을 하는 그림은 가브리엘이 장남 세자르를 임신했을 때 그려진 것으로 전해진다. 유두를 부드럽게 쥐고 있는 사람은 가브리엘의 동생 빌라르 공작부인으로, 이 장면은 언니가 임신한 것을 시사하고 있다는 해석이 강하다. 시녀는 산모가 입는 옷으로 보이는 것을 뜨고 있다.

이 그림은 16세기에 프랑스 궁정에서 꽃핀 퐁텐블로파의 특징과 매력이 집대성된 작품이라고 할 수 있다.

매력적인 나체상에는 이탈리아 르네상스의 영향이 드러나며, 배경의 풍속화적 정경에서는 플랑드르 회화의 영향이 엿보

대관식을 위해 파리로 입성하는 앙리 4세 (1594년)

인다. 오랫동안 많은 플랑드르인 화가들이 프랑스에서 활약했는데, 이탈리아로부터 초빙된 화가들이 준 영향도 같이 융합되어 있다. 하지만 전체적으로 그림에 감도는 요염하면서도 기품이 넘치는 관능성은 프랑스 궁정문화 특유의 세련미에서 온 것이다.

정식으로 '프랑스 국왕의 공인된 총희'로서 인정받은 가브리엘은 프랑스를 위해 외교관으로도 활약했다. 가브리엘은 앙리와 적대적 관계에 있던 로마 교황에게 총희 임명장을 복사해 직접 보내면서 암묵적으로 프랑스가 로마 교황청과 완전히 연을 끊을지도 모른다고 협박해 관계를 회복시키게 된다. 또한 서로 대립하던 국내의 유력한 귀족들과의 관계에서도 그 부인들과 만나 '여성의 힘'을 결속시킨 후 서로의 남자들을 설득하게 하여 내전을 종결시켰다.

이렇듯 앙리 4세의 명실상부한 '반려자'가 된 가브리엘에게는 인색하기로 유명한 잉글랜드의 여왕 엘리자베스 1세조차 사파이어와 큰 다이아몬드를 장식한 금 브로치를 선물했다고 한다.

불행한 죽음

하지만 가브리엘도 메리 스튜어트처럼 너무 일찍 인생의 정점을 찍은 탓일까. 운명의 여신은 그녀를 향해 얄궂은 미소를 짓는다.

1599년에 앙리 4세는 로마 교황청에 마르그리트와의 결혼을 무효화하는 신청을 하고, 부활절 축제에서 가브리엘과 결혼식을 거행하기로 정

한다. 결혼식 준비를 위해 가브
리엘은 파리로 향하고 앙리는 퐁
텐블로 궁전에 남았는데, 파리
에 도착한 날 밤에 지인의 집에
서 만찬을 즐긴 후 그녀는 속이
이상함을 느낀다. 임신 5개월이
던 가브리엘은 이튿날 오후부터
진통을 시작했다.

늘 변함없이 시테 섬에서 파리를 지켜보는
노트르담 대성당

　예정일보다 4개월이나 빠른 분만으로 인한 고통은 극에 달했고, 의사
는 뱃속에서 죽은 그녀의 아들을 조금씩 꺼내야 했다. 그리고 이튿날인 4
월 10일, 부활절 축제 전날에 가브리엘은 임신중독증으로 스물여덟에 생
애를 마감하기에 이른다. 마침 프랑스 왕비가 되기 전날이었다. 그녀의
소식을 들은 앙리 4세가 퐁텐블로 궁전에서 파리로 서둘러 달려오는 도
중에 그녀는 숨을 거둔 것이다.

　당시 난산의 고통 때문에 일그러진 얼굴로 굳어버린 가브리엘을 조문
객들에게 보일 수는 없었기에 그녀를 닮은 밀랍인형이 관에 놓여졌다.

　그녀를 열렬히 사랑했던 앙리는 온통 검은색의 옷을 입은 채 상을 치
렀다. 당시 프랑스 왕이 검은색으로 된 옷만 입는 풍습은 없었기 때문
에, 이는 앙리의 가브리엘에 대한 깊은 사랑을 엿볼 수 있는 일화로 전
해진다.

　결국 그녀가 죽음으로써 공인된 총희가 프랑스 왕비로 즉위하는 일은
일어나지 않았다. 사실 프랑스 국민들에게 왕이란 대관식에서 성스러운

'기름 부음'을 받는 그 순간부터 신으로부터 선택받은 존재나 다름없었다. 가브리엘이 갑작스럽게 죽자 독살을 당했다는 소문도 퍼졌지만, 많은 국민들은 그녀의 죽음을 신의 뜻으로 여겼다.

이후 프랑스는 로마 교황이 인정한 새로운 왕비를 맞이하는데, 그 주인공은 바로 막대한 지참금과 함께 피렌체로부터 시집온 마리 드 메디시스였다.

Marie de Médicis

제 **9** 장

프랑스의 왕비로 산
메디치가의 여인

마리 드 메디시스

〈마리 드 메디시스〉
피에트로 파케티.
1595년 경.
로마?

지참금을 노린 결혼

여기서는 조금 다른 의미에서 '대단한' 초상화를 남긴 미녀에 대해 알아보자.

메디치가의 토스카나 공 프란체스코 1세(재위 1574~1587년)와 막시밀리안 1세와 마리 드 부르고뉴를 증조부모로 둔 합스부르크가 출신의 어머니 사이에서 태어난 마리(1575~1642년)는 이탈리아에서는 마리아 데 메디치라고 불리었다. 사실 가브리엘 데스트레와의 결혼을 진심으로 바랐던 앙리 4세에게 마리와의 결혼은 그저 측근의 권유에서 시작된 것이었다.

하지만 프랑스 왕가가 대자산가인 메디치가에 막대한 빚을 지고 있었던 탓에, 그는 지참금의 일부로 부채를 청산하는 방향으로 토스카나 대공 페르디난도 1세(재위 1587~1609년)와 협상하기로 한다. 마리의 어머니 요한나는 1578년, 아버지 토스카나 대공은 1587년에 각각 세상을 떠났고 페르디난도 1세는 그녀의 숙부뻘이었다.

페르디난도 1세 역시 당시의 가치관으로 보기에 '결혼이 늦은' 조카에게 이는 나쁘지 않은 혼담이라고 여겼다. 앙리 2세와 카트린 드 메디시스의 둘째 딸 사이에 태어난 로렌의 크리스티나(1565~1637년)를 아내로 맞이한 그였다. 사실 페르디난도 1세와 크리스티나의 결혼은 카트린이 죽기 직전에 프랑스와 친정인 메디치가의 연결고리를 강화하기 위해 추진한 것이었다. 그랬던 것을 이번에는 페르디난도 1세가 조카를 통해 프랑스와의 연계를 강화하려 움직인 것이었다.

프랑스 국민들이 다시금 메디치가 출신의 왕비를 얻는 일은 신의 뜻이었나 보다. 앙리 4세의 바람과 달리 가브리엘이 세상을 떠나고, 로마 교황은 그녀가 죽은 지 반년이나 지난 1599년 말에야 앙리 4세와 마르그리트의 결혼을 무효화했다. 즉 앙리 4세는 정식으로 새로운 왕비를 맞이할 수 있게 된 것이다.

아름다운 애인의 야망

하지만 여자를 좋아하기로 유명한 앙리 4세가 가브리엘이 죽은 후 조용히 홀로 지낸 것만은 아니었다. 외로운 마흔다섯 살의 독신남이 된 앙리는 새로운 사랑에 빠졌다. 상대는 지적이면서도 교활하고, 아름다우면서도 우아하고 요염하며 성적으로도 탐욕스러운 스무 살의 앙리에트 당트라그(1579~1633년)였다. 그녀의 어머니도 샤를 9세의 애인이었던 것을 생각하면 왕의 총희로서 살아가야 할 듯한 가정환경이었지만, 그녀는 의외로 야심이 컸다.

그녀는 앙리에게 마지막 한 발을 좀처럼 허락하지 않으며 그의 애를 태웠다. 그러면서 왕에게 높은 조건을 제기했는데, 그것은 바로 10만 프랑이라는 대가 외에도 남녀로 맺어진 날로부터 반년 이내에 임신하고 아들을 낳으면 본인과 결혼한다는 문서에 서명하도록 한 것이었다.

이렇게 욕망에 눈이 먼 중년의 남성을 침대로 끌어들이고 왕비가 될 날을 꿈꾸던 앙리에트의 계획은 착실히 진행되었

앙리에트 당트라그

다. 이와 동시에 앙리 4세와 피렌체의 마리의 혼담도 순조롭게 추진되었다.

1600년 4월 말, 임신 7개월의 앙리에트는 충격적인 소식을 접한다. 바로 앙리 4세와 마리가 결혼한다는 사실이었다. 앙리는 앙리에트에게 베르뇌유 후작부인이라는 작위와 성, 영지를 주어 달래려고 하지만 화가 난 앙리에트는 마리와의 결혼을 추진하면 자신과 약속한 문서를 세상에 공표하겠다고 협박한다. 어떻게든 국제적인 망신만은 피하고 싶었던 앙리는 자신이 서명한 문서를 돌려달라고 하지만 그녀는 들은 척도 하지 않는다.

하지만 신은 또다시 프랑스 왕가의 손을 들어준다. 천둥, 번개와 폭풍우가 치는 가운데 출산 진통을 시작한 앙리에트는 두려움에 떨면서 아들

루벤스. 〈자화상〉.
1623∼1624년 경. 왕실 컬렉션(영국)

을 사산했던 것이다. 결국 그녀가 프랑스 왕비가 될 길은 요원해지고 말았다.

앙리가 서명한 문서에 대해 알고 있던 그의 측근들은 그 천둥, 번개야말로 신이 손을 써준 것이라 굳게 믿었다고 한다. 앙리도 큰 망신을 면하게 되어 안도했는지 그녀를 사랑스러운 애인으로 대한다.

현실을 받아들인 앙리에트는 마리가 프랑스에 도착한 후에도 궁정에서 자신의 권리와 위신을 높이려는 계획을 짠다.

한편 피렌체에서는 1600년 10월 5일에 베르가르트 공이 앙리의 대리를 맡아 마리와 대리代理 결혼식을 올린다. 참고로 당시 이탈리아에 머물렀던 화가 루벤스(1577∼1640년)도 이 결혼식에 참석했다. 훗날 마리와 루벤스는 오래도록 묘한 인연을 갖게 된다.

애정 없는 결혼

18척의 배와 2천 명의 사람들을 거느리고 제노바 항을 출발한 마리는 같은 해 11월 3일에 마르세유 항에 도착한다. 이 모습을 본 프랑스인들은 그녀 일행의 상당한 규모와 위엄에도 감탄했지만, 그녀의 외모에 대해서는 그렇지도 않았다. 피에트로 파케티가 그린 스무 살 무렵의 마리의 초상화(158쪽)를 보면 알 수 있듯이 원래 그녀는 단정하게 생긴 미녀였지만, 5년이 지난 이 무렵에는 살이 많이 찐 상태였다.

당시의 다른 문헌을 읽어보면 이탈리아에서는 아름답다고 여기는 풍만한 체형도 프랑스인의 눈에는 살찐 것으로 보이기도 했다고 한다. 나라마다 미의 기준이 다른 것은 당연했다. 프랑스에서는 13세기 중반에 이미 미술사에서 '파리 궁정풍의 우아 양식'이라 부르는 스타일이 확립되었고, 팔등신에 날씬하고 우아한 체형을 선호하는 경향이 있었던 것이다.

마리는 프랑스 땅에 발을 디딘 지 일주일 쯤 지나서야 겨우 리옹에서 앙리와 처음 대면하게 된다. 앙리가 사보이아 공국과의 전쟁으로 바빴던 탓도 있지만, 앙리에트에게 빠져 있던 그는 전쟁을 중단하면서까지 마르세유로 달려가 마리를 마중할 만한 관심이 없었기 때문이다.

두 사람의 만남은 왕에게 좋은 이미지를 주지 못했다. 실제의 마리는 앙리가 봤던 초상화처럼 호리호리한 미인이 아니었던 데다, 프랑스 미녀에게 익숙한 앙리의 눈에는 그녀가 촌스럽게 보일 뿐이었다. 앙리로서는 초상화에 속은 심정이었다. 현대인들이 맞선용 사진과 실물이 달라서 실망하는 것과 다르지 않았다.

그녀와 만난 앙리는 "조금도 아름답지 않구나!"라며 화를 냈다고 전해진다. 하지만 여색을 밝히는 것으로 유명했던 왕답게 그는 금세 마리를 임신시켰다. 참으로 놀라울 따름이다.

페테르 파울 루벤스,
〈마리 드 메디시스의 생애〉 중 '마리 드 메디시스와 앙리 4세의 리옹에서의 대면'
1622~1625년. 루브르 박물관

소재가 부족한 그림

164쪽의 그림은 두 사람이 처음으로 대면하는 장면을 그린 것인데, 실제로는 대면 이후 21년이 지나서야 루벤스에게 주문이 들어와 그려진 작품이다. 게다가 이 그림은 24장의 연작 중 하나다.

마리는 미망인이 된 후에 피렌체의 피티 궁전을 원형으로 삼아 자신이 머물 뤽상부르 궁전을 세웠다. 그리고 궁전의 갤러리에 장식하기 위해 루벤스에게 24장의 그림을 주문한다. 그 중 21장의 주제는 마리의 반생半生으로 정해졌는데, 〈마리 드 메디시스의 생애〉라는 작품들이 그것이다.

애초에 장식할 장소를 정하고 주문을 한 것이라 당연히 그림의 크기도 정해져 있었다. 그런데 놀랍게도 이 작품을 포함한 대다수의 그림이 394×295센티미터로 상당히 컸다. 당시에 이 정도 크기의 그림은 역사화에만 허용되었다. 처음 기획한 대로 그녀의 생애를 그리려면 우의화寓意化하여 역사화의 체제를 갖추어야만 했다.

뤽상부르 궁전

루벤스, 〈마리 드 메디시스의 생애〉 중
'마리의 마르세유 상륙'(왼쪽)과
'마리의 교육'(오른쪽), 1622~1625년

당시에 이미 북유럽 최고의 화가였던 루벤스는 고민에 빠진다. 왜냐하면 엘리자베스 1세나 앙리 4세처럼 살면서 전쟁을 겪거나 여러 가지 국가적, 영웅적 에피소드가 많은 인물이라면 21장의 그림을 그리는 데 어려움을 겪지 않았을 것이다.

하지만 마리의 인생은 달랐다. 물론 공작의 딸로 태어나 영예로운 프랑스의 왕비가 된 것은 파격적인 일이었지만, 그것 자체가 영웅적이지는 않았다. 게다가 그녀는 딱히 '여성의 미덕'을 상징할 만한 삶을 산 것도 아니었다.

결국 상당한 교양의 소유자였던 루벤스는 특별히 영웅적이지 않은 그녀의 생애를 그려내기 위해 자신의 지식을 총동원했다. 그리고 평화와 결혼을 의인화하고, 그리스 로마 신화의 신들을 총동원해 화려한 역사의 행렬行列로 완성시켰다. 이런 '우의화'는 현대인들은 이해하기 어렵지만, 뤽상부르 궁전을 드나드는 당시의 궁정 사람들은 그려진 그림들의 숨겨진 의미를 해석할 정도의 지식을 갖추고 있었다. 그야말로 '읽는 회화'인 셈이다.

가령 리옹에서 앙리와 마리 두 사람이 만나는 장면을 그린 그림에서는 올림푸스의 최고의 신인 제우스(로마 신화에서는 주피터)로 표현된 앙리와 그의 아내 헤라(로마 신화에서는 주노)로 표현된 마리가 횃불을 든 결혼의 신 휘메나이오스에 의해 맺어지고 있다. 독수리와 번개(원손에 든 불꽃 다발)는 제우스를 뜻하며, 공작과 수레는 헤라를 상징한다. 그리고 한 쌍의 공작은 결혼을 의미한다.

고대에 헤라는 결혼과 출산을 관장하는 여성의 수호신이었다. 마리가 가슴을 드러내고 있는 것은 신으로 분扮했음을 뜻한다. 참고로 결혼의 신 휘메나이오스는 여장을 한 아름다운 청년으로 그려지며, 평화와 일치를 상징하는 나비가 그들의 위에 앉아 있다.

그림 아래쪽에는 리옹을 의인화한 인물이 수레에 탄 채 위를 올려다보고 도시의 이름에 맞게 사자(라이온)가 수레를 끌고 있다. 사자에 올라탄 아이의 손에는 사랑의 불꽃을 의미하는 횃불이 들려 있다.

이 그림이 뤽상부르 궁전의 갤러리에 걸린 것을 본 궁정 사람들은 쓴 웃음을 지었으리라. 그도 그럴 것이 제우스는 끊임없이 바람을 피웠고, 신화 속의 헤라는 그때마다 노발대발하여 복수를 계획하지 않았던가.

남편의 애인들과 함께하는 생활

신화 속의 제우스와 헤라처럼 실제로도 남편의 애인 때문에 고민하는 결혼생활이 마리를 기다리고 있었다.

마리는 1601년에 무사히 후계자 루이(훗날의 루이 13세, 재위 1610~1643년)를 낳고 왕비로서의 의무를 다했지만, 앙리에트 때문에 결혼생활 자체는 비참하기 짝이 없었다.

앙리에트는 마리를 두고 '피렌체 장사꾼의 살찐 딸'이라고 무시했으며, 이탈리아 억양이 섞인 그녀의 프랑스어를 비웃었다. 게다가 마리가 보는 앞에서도 당당히 앙리와 애정행각을 벌였다.

앙리와 마리는 여섯 명의 자녀를 낳으며 정치적 의무는 다했지만 둘의 관계에서 사랑은 찾아볼 수 없었다.

앙리에게는 앙리에트 말고도 애인이 있었는데, 무엇보다도 마리를 격노하게 만든 것은 여러 애인들에게서 낳은 여덟 명의 서자들과 자신이 낳은 여섯 명의 적자를 함께 궁정에서 양육하도록 앙리가 내린 명 때문이었다.

정작 앙리 자신은 아이들에 대해 누가 누군지도 몰라서 외모적 특징과 이름, 나이, 어머니의 이름을 수첩에 적어 들고 다녔다고 한다.

1608년, 서자인 자신의 아들을 왕위에 올리고 싶었던 앙리에트는 스페인과 손을 잡고 앙리 4세에 대한 모반을 꾸민다. 이로 인해 앙리와 앙리에트는 헤어지지만 그렇다고 앙리가 마리의 품으로 돌아간 것은 아니다.

이듬해에 50대 중반을 넘긴 앙리가 사랑에 빠진 상대는 열다섯 살의 샤를로트 드 몽모렝시(1594~1650년)였다.

그렇지만 앙리는 불사신인 제우스와 달리 갑작스레 인생의 마지막을 맞는다. 그는 1610년 5월 14일에 가톨릭 광신도인 라바야크의 손에 암살된 것이다.

그리하여 여덟 살의 루이 13세가 왕위에 오르고, 성인이 될 때까지 어머니인 마리가 섭정을 하며 프랑스를 다스리게 된다. 프랑스의 최고 권력자가 된 마리는 숙적인 앙리에트를 궁정에서 영구히 추방했다. 또 샤를로트는 몸을 낮추며 마리에게 편지로 용서를 구했기 때문에 마리의 속이 조금이나마 후련했을지도 모르겠다.

루벤스와의 기이한 인연

그 후 마리의 인생이 결코 평안했다고는 할 수 없다. 아들인 루이 13세와는 신하들로 인해 대립했고, 급기야 1617년에는 궁정에서 추방당하는 일도 있었다. 그래도 1621년에는 화해했기 때문에 루벤스에게 연작 주문이 들어왔지만 말이다.

하지만 1631년에 마리는 다시금 아들에 의해 추방당하고 브뤼셀로 망명하는데, 이때 안트베르펜에 있는 루벤스의 저택을 방문했다.

루벤스.
〈마리 드 메디시스의 초상〉.
1622~1625년.
프라도 미술관

　젊은 날의 루벤스는 피렌체에서 거행된 그녀의 대리 결혼식에 참석했
었다. 그리고 뤽상부르 궁전의 갤러리를 위해 제작한 24장의 연작은 마
리 드 메디시스와 루벤스의 이름을 역사에 남겨주었다.

　참으로 묘한 인연이었다. 1640년에 루벤스는 북유럽 최대의 화가라는
명예 속에서 인생을 마감한다. 그리고 그보다 두 살이 많았던 마리는 그
로부터 2년 후에 망명지였던 독일 쾰른의 민가에서 빈곤과 굴욕을 겪던

끝에 생을 마친다. 신기하게도 그 민가는 부모가 종교문제 때문에 안트베르펜으로 망명 중일 때 독일에서 태어난 어린 루벤스가 살았던 집이었다.

Henrietta Maria

제 10 장

개신교도와 결혼한
가톨릭 왕비

헨리에타 마리아

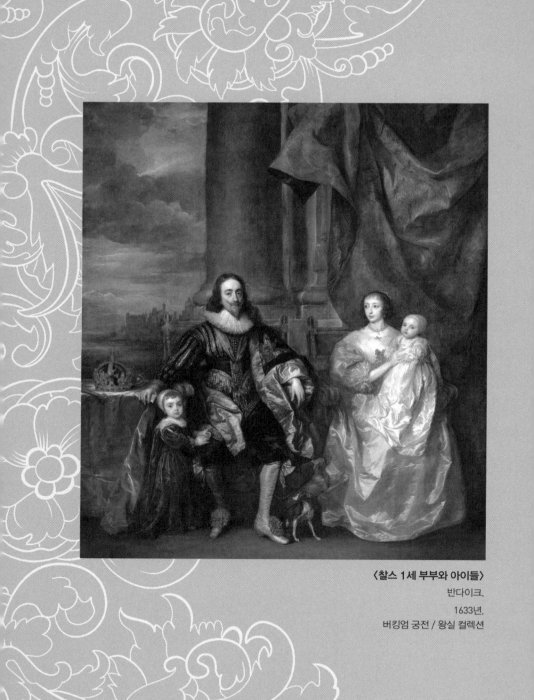

〈찰스 1세 부부와 아이들〉

반다이크.

1633년.

버킹엄 궁전 / 왕실 컬렉션

미술을 좋아한 왕

루벤스에게는 안토니 반다이크(1599~1641년)라는 스물두 살 아래의 우아
하고 아름다운 제자가 있었다. 반다이크는 1632년에 잉글랜드의 찰스 1
세(재위 1625~1649년)에게 궁정화가로 초빙되어 런던으로 건너간다. 참
고로 열성적인 미술품 수집가로 알려진 찰스 1세는 스코틀랜드 여왕 메
리 스튜어트의 손자다. 찰스 1세는 루벤스가 외교사절로 영국에 머물렀
을 때 기사 칭호를 하사했듯이 반다이크에게도 그가 런던에 도착하기를
기다렸다는 듯이 서둘러 기사의 칭호를
내렸다.

　마음에 든 반다이크가 행여 귀국해
버리지 않을까 걱정한 찰스는 반다이크
에게 잉글랜드 국적을 부여하고 왕비를
모시던 귀족의 딸과 결혼하게 했다. 당
시의 계급사회에서 화가가 귀족과 결혼
하는 것은 이례적이었다. 거장 루벤스
와 달리 화가라기보다는 귀족처럼 행동

반다이크. 〈자화상〉.
1622년 경. 알테 피나코테크(뮌헨)

하고 우아한 옷차림을 한 반다이크는 귀족사회의 일원으로서 그들과 어울리게 된다.

　이런 찰스 1세의 왕비가 바로 앙리 4세와 마리의 여섯 번째 자녀인 헨리에타 마리아(1609~1669년)다. 그녀는 앙리 4세가 암살당했을 때 한 살도 채 되지 않았다.

　1623년에 헨리에타는 처음으로 미래의 남편 찰스를 만난다. 당시 황태자였던 찰스가 스페인의 왕녀 마리아 안나(1606~1646년)에게 구혼하기 위해 조지 빌리어스(훗날 버킹엄 공작, 1592~1628년)와 함께 파리에 들렀을 때다. 이후 두 사람은 스페인으로 향하지만 결국 혼담은 성사되지 않는다. 이때 찰스의 눈에 들어온 여성이 바로 찰스보다 아홉 살 연하인 헨리에타 마리아였던 것이다.

　1625년 3월 27일, 메리 스튜어트의 아들인 제임스 1세(재위 1603~1625년)가 세상을 떠나고 잉글랜드는 스물네 살의 새로운 왕 찰스 1세를 맞이한다. 같은 해 5월 11일, 찰스의 대리 결혼식이 파리에서 거행되는데, 이때 루벤스는 연작 〈마리 드 메디시스의 생애〉를 완성해 축전 날짜에 맞출 수 있었다.

서로 다른 종교의 궁정에서

잉글랜드로 건너온 헨리에타 마리아는 1625년 6월 13일에 찰스 1세와 캔터베리에서 정식으로 결혼한다. 스물네 살과 열다섯 살의 신혼부부였다.

하지만 이듬해 2월 2일에 진행된 찰스의 국왕 대관식에서 헨리에타 마리아는 함께 왕비 대관戴冠을 하지는 않았다. 그녀는 잉글랜드에서 금지되었던 가톨릭 교도였기 때문이다.

어머니 마리 드 메디시스와 마찬가지로 헨리에타 역시 엄격한 가톨릭 교도였다. 때문에 프랑스에서부터 그녀를 모신 수행자들에게는 특례로 가톨릭 신앙이 허용되었으며, 궁정 내에 가톨릭 예배당도 마련되었다. 찰스가 가톨릭 교도인 왕비를 맞이하면서 국내의 반가톨릭파와 알력이 생기고, 이는 훗날 청교도혁명(1642~1649년)으로 이어지는 하나의 원인이 된다.

두 사람의 결혼은 쌍방이 모두 연애 경험이 없었기 때문인지 그리 원만하지 못했다. 게다가 버킹엄 공작이 가톨릭 교도인 프랑스인들을 경계하여, 찰스 1세를 설득하여 그녀가 프랑스에서 데리고 온 측근들을 대다수 쫓아내는 바람에 부부관계는 더 악화되었다. 하지만 1628년 8월 23일에 버킹엄 공작의 암살을 기점으로 찰스의 애정은 단번에 사랑스러운 헨리에타 마리아에게 돌아왔다. 결국 둘 사이에는 아홉 명의 자녀가 태어났다.

영국식 우아함의 극치

반다이크가 그린 174쪽의 그림은 한 가족의 초상이다. 찰스 1세의 옆에 있는 아이는 세 살의 황태자 찰스(훗날 찰스 2세, 재위 1660~1685년), 헨리에타 마리아가 무릎에 안고 있는 아기는 갓 태어난 제임스 왕자(훗날의 제임스 2세, 재위 1685~1688년)다. 뒤의 원기둥은 불변과 안정을 의미하며 커튼과 마찬가지로 고귀한 신분을 상징한다. 물론 왕관은 찰스 1세의 통치권의 상징이다.

이처럼 건물 밖에 고귀한 인물을 자리하게 하고 근엄한 표정이 아닌 편안한 자세를 취하게 한 초상화는 반다이크의 스승인 루벤스가 시작해 제자인 반다이크가 이를 계승했다. 잉글랜드로 건너온 이후로 반다이크는 루벤스 같은 역사화가로서보다는 초상화가로서 크게 활약했기 때문에, 이런 초상화 양식은 그의 대명사가 되었다.

영국인 화가로 초대初代 로열 아트 아카데미의 회장을 역임한 조슈아 레이놀즈(1723~1792년)나 레이놀즈의 라이벌이었던 토머스 게인즈버러(1727~1788년)는 잉글랜드인들에게 사회적 지위의 상징이 된 반다이크의 초상화를 모델로 한 반다이크풍(물론 시작은 루벤스였지만)의 초상화를 계승하며 영국 미술에서 초상화 문화를 더욱 발전시켰다.

참고로 찰스 1세와 헨리에타 마리아 부부는 반다이크가 잉글랜드에 온 이후로는 다른 화가에게 자신들을 포함해 가족의 초상화를 맡기지 않았다.

호화찬란하게 자랑하지 않고, 잉글랜드의 왕후귀족이 선호하는 은은한 우아함으로 모델의 고귀한 신분을 드러낸 반다이크의 초상화는 국왕 부부뿐만 아니라 궁정 사람들로부터도 지지를 받았고 그는 최고의 인기를 구가했다.

반다이크,
〈난쟁이 제프리 허드슨 경과 함께 있는 헨리에타 마리아 왕비의 초상〉.
1633년. 런던 국립미술관

떠도는 생활 끝에 맞은 죽음

179쪽 그림에서 헨리에타 마리아는 궁정 난쟁이인 제프리 허드슨 경(1619~1682년 경)과 함께 있다. 프랑스에서 갓 시집온 헨리에타에게 버킹엄 공작 부부가 보낸 사람이 바로 일곱 살의 제프리였다. 그는 헨리에타의 궁정에서 생활하며 교육받았는데, 당시의 유럽 궁정에서 난쟁이는 드문 존재는 아니었다.

찰스 1세와 의회의 관계가 악화되어 왕당파와 의회파로 나뉘고 내란이 발발한 1642년에 헨리에타는 제프리 등 몇몇과 함께 네덜란드로 건너간다. 보석을 팔아가며 군자금을 모으고 네덜란드에 군대를 요청하지만 그녀의 노력은 결실을 맺지 못한다.

이후 헨리에타와 일행은 잉글랜드로 일시 귀국하지만, 의회파의 미움을 받던 그녀는 곧장 아들들을 데리고 고향 프랑스로 망명한다. 이때도 제프리가 동행했다. 이들은 루브르 궁전에 자리를 잡는데, 제프리는 프랑스에서 금지되어 있던 결투사건을 일으켜 헨리에타의 궁정에서 추방되고 만다.

그리고 1649년에 헨리에타는 남편 찰스의 처형 소식도 프랑스에서 듣는다. 빈곤해진 그녀는 카르멜 수도원에서 지내게 되는데, 확고한 가톨릭 교도였던 그녀는 망명 중에 개신교도였던 막내아들 헨리(1640~1660년)를 가톨릭으로 개종시키려고 하다가 헨리의 형 찰스 및 왕당파와 마찰을 빚기도 한다.

1660년에 아들 찰스가 왕정복고를 이루고 찰스 2세로 즉위한 후에는 왕태후로서 잉글랜드로 돌아가 서머싯 하우스에서 지냈다. 하지만 아들들과 의견이 맞지 않았던 헨리에타는

헨리에타 마리아를 비롯해 프랑스 왕족들이 안장된 생 드니 대성당

결국 1665년에 프랑스로 영구 귀국한다. 그리고 1669년 9월 10일, 파리 근교의 콜롬브 성에서 파란만장한 생애를 마감한다.

그녀의 유골은 찰스 1세가 매장된 윈저 성의 성 조지 예배당이 아니라 프랑스 왕족의 풍습에 따라 파리 교외의 생 드니 대성당에 안장되었다. 열성적인 가톨릭 교도였던 헨리에타로서는 프랑스의 수호성인인 성 드니를 기리는 가톨릭성당에 묻힌 것이 더 행복했을지도 모른다.

Margarita de Teresa

제 **11** 장

저물어 가는
스페인의 왕녀

마르가리타 왕녀

〈라스 메니나스〉
벨라스케스.
1656년.
프라도 미술관

루벤스와의 교류

17세기의 바로크 시대에는 스페인에서도 뛰어난 초상화가 다수 그려졌다.

17세기의 스페인을 대표하는 화가 벨라스케스는 펠리페 4세(재위 1621~1665년)를 위해 궁정화가뿐만 아니라 궁정의 직원으로도 일했다. 펠리페 4세는 다른 화가에게는 자신의 초상화를 맡기지 않을 만큼 벨라스케스를 아꼈다.

미술 애호가인 펠리페 4세는 1628년에 외교사절로서 마드리드를 방문한 루벤스를 환영하며 궁정에 아틀리에를 만들 수 있도록 허락했다. 덕분에 벨라스케스는 스물두 살 위인 선배 화가 루벤스와 친교를 쌓을 기회를 얻는다. 당시 스물아홉이던 벨라스케스에게 자신과 마찬가지로 궁정화가이면서 외교관으로도 화려하게 활약하는 루벤스는 많은 영향을 주는 존재였다.

루벤스는 벨라스케스에게 베네치아파의 거장 티치아노의 작품이 얼마나 중요한지 이야기하고, 스페인 왕실이 자랑하는 티치아노의 컬렉션을 같이 모사模寫하기를 권유했다. 또 자신이 이탈리아에서 보낸 8년에 대해 이야기하며, 벨라스케스에게 예술품을 접하는 것의 중요성을 열성적으로 일깨운다. 그 결과, 벨라스케스는 루벤스의 가르침에 따라 이탈리아로 건너가 이탈리아 예술을 수용하게 된다.

그리고 세월이 지나 이 미스터리한 〈라스 메니나스(시녀들)〉(184쪽 그림)를 그릴 무렵의 벨라스케스는 50대 중반의 궁정 직원으로서 바쁜 나날을 보내고 있었다. 이 집단 초상화는 그가 회화 제작에 많은 시간을 쏟을 수 없었던 시절에 그려진 작품이다.

신비로운 군상

무대는 벨라스케스에게 주어진 궁정 안의 아틀리에다. 그가 펠리페 4세 부부의 초상화를 그리는 중에 다섯 살의 마르가리타 왕녀(1651~1673년)가 시녀 둘과 난쟁이 둘을 데리고 나타난 듯하다. 마르가리타 왕녀의 일행 뒤에는 고위 시녀들과 그들을 호위하는 사람들이 서 있고, 거실로 이어지는 구석 끝에는 마리아나 왕비(1634~1696년)의 집사가 이쪽을 돌아보고 있다. 덧붙이자면 당시의 스페인 합스부르크가 궁정에서는 많은 난쟁이들이 일했다.

아틀리에의 안쪽 거울에 비친 것은 펠리페 4세 부부인데, 그림 속에서 뒤쪽이 보이고 있는 캔버스 반대편에 그려진 초상화가 투영된 것인지, 실제로 이 방을 찾은 국왕 부부가 거울에 비친 것인지는 정확하지 않다.

작은 왕녀를 모델로 삼기에는 캔버스가 너무 커서 국왕 부부의 초상

화를 제작하던 것이 아니었을까 하
고 추측하는데, 어쩌면 이 〈라스 메
니나스〉 자체를 그리던 중이었을지
도 모른다. 후자라면 우리의 시점은
이 정경을 목격한 거울에 비친 펠리
페 4세 부부의 시점과 같아진다.

벨라스케스. 〈자화상〉. 17세기. 우피치 미술관

캔버스의 옆에 선 화가는 벨라스
케스 자신이다. 당시 화가가 왕족과
함께 그려지는 것은 상당히 이례적
이었다. 그럼에도 펠리페 4세는 분개하기는커녕 처음부터 이 그림을 마
음에 들어하여 자신의 방에 걸어둘 정도였다. 그만큼 왕과 벨라스케스
사이에는 깊은 신뢰가 자리하고 있었다.

벨라스케스의 가슴에 있는 붉은 십자가는 산티아고 기사단의 것이다.
이 그림이 제작되었을 때만 해도 아직 기사단에 들어가기 전이었기 때문
에, 1659년에 기사단 입단이 허락된 후 자랑스러운 마음에 덧그린 것이
라고 한다.

사실 벨라스케스는 할아버지가 포르투갈 출신인 개종 유대인 집안이
었다. 이 경우 당시 스페인에서는 차별의 대상이 되므로 본래라면 기사
가 될 수 없는 신분이었다. 그런 출신을 숨겨가며 궁정에서 일한 그가 이
렇듯 자신을 왕가의 사람들과 함께 그린 것을 보면, 벨라스케스의 상승
지향적인 면모와 높은 자존심, 야심을 엿볼 수 있다.

실제로 그는 동시대의 스페인 화가 중에서는 자신의 사위밖에 인정하

Benjamin von Block. 〈레오폴트 1세〉.
1672년. 빈 미술사 박물관

지 않았고, 제자인 후안 데 파레하(1610~1670년)에게는 무어인(이베리아 반도에 정주한 베르베르인)이라는 인종편견 때문에 독자적인 그림 제작을 좀처럼 허락하지 않았다.

화가로서 벨라스케스는 매우 거친 터치로 유명한데, 이는 조금 떨어져서 감상하면 훌륭한 효과를 내는 기법이다. 그리고 이 그림에서 그의 터치는 당시 궁정을 감싸고 있던 독특한 긴장감을 멋지게 연출하고 있다.

〈라스 메니나스〉가 그려졌을 무렵, 펠리페 4세에게는 왕위를 계승할 아들이 없었다. 어린 나이에도 위엄을 갖춘 마르가리타 왕녀는 외삼촌인 열한 살 연상의 레오폴트 1세(오스트리아 대공, 보헤미아 왕으로서 재위 1656~1705년, 신성 로마 황제로서 재위 1658~1705년)에게 시집가기로 정해져 있었다. 프랑스가 위협이 되던 당시, 스페인과 오스트리아 양 합스부르크가의 동맹은 두 사람의 결혼에 달려 있었다.

쇠락해가는 스페인으로서는 어떻게든 마르가리타가 건강하게 자라 무사히 빈으로 시집가기만을 바랐다. 스페인의 왕위 계승권을 가진 그녀의 자손이 프랑스의 루이 14세(재위 1643~1715년)의 야망으로부터 옥좌를

벨라스케스 〈마르가리타 왕녀〉. 1659년, 빈 미술사 박물관

지켜주기를 기대한 것이다. 작고 가녀린 왕녀의 손에 스페인 합스부르크 가의 운명이 쥐어져 있던 셈이었다.

펠리페 4세의 궁정에서 일하면서 저물어가는 스페인을 지켜본 벨라스케스는 특유의 거친 터치로 오늘날을 사는 우리에게도 당시의 긴장감을 느끼게 해준다.

✳

빈 미술사 박물관에는 석 장의 마르가리타 왕녀의 초상화가 있다. 미래의 남편이 될 레오폴트 1세와 빈의 궁정으로 그녀의 성장 과정을 알리기 위해 제작된 것들이다. 그중 189쪽의 작품은 벨라스케스가 세상을 뜨기 1년 전에 여덟 살의 왕녀를 그린 것이다.

당시의 스페인 초상화에서는 고귀한 신분의 여성은 레이스로 된 손수건이나 부채를 손에 들었는데, 왕녀는 모피 머프muff(양쪽에서 손을 넣어 추위를 막는 방한용 소품—옮긴이)를 들고 있다. 빈에서 보내온 선물이었을까.

아버지 펠리페 4세가 세상을 떠난 이듬해인 1666년, 열다섯 살의 마르가리타는 빈의 외삼촌에게 시집을 간다. 둘은 음악과 연극이라는 공통의 관심사가 있어서인지 꽤 금슬이 좋은 부부가 되었다.

마르가리타 드 테레사 황후가 된 그녀는 레오폴트 1세와 네 자녀를 낳았지만 장성한 것은 장녀 마리아 안토니아(1669~1692년)뿐이었다. 마르가리타 역시 1673년에 둘째 딸을 낳으면서 몸이 상한 탓에 스물두 살

의 나이로 세상을 떠났
다. 그리고 그녀의 남
동생 카를로스 2세(재위
1665~1700년)가 왕위를
이었던 스페인도 카를
로스가 자손을 남기지
않은 채 세상을 떠나게
되면서 184년간 이어진
스페인 합스부르크가의
역사는 막을 내린다.

라 그랑하 궁전

　　이후 스페인의 왕관
은 펠리페 4세가 우려한 대로 프랑스 왕가의 손에 넘어간다. 루이 14세의
손자 필리프가 펠리페 5세(재위 1700~1724년, 복위 1724~1746년)로서 왕위
를 잇고 스페인은 부르봉 왕조 시대를 맞이한다.

　　부르봉가가 다스리는 스페인의 궁정은 엄숙했던 합스부르크가와 달
리 라 그랑하 궁전으로 상징되듯 화려한 프랑스풍의 시대로 들어선다.

'로코코 여왕'의
화려한 싸움

퐁파두르 부인

〈퐁파두르 부인의 초상화〉
프랑수아 부셰.
1756년.
알테 피나코테크(뮌헨)

왕비에 가까운 사람이 되리

부르봉가가 스페인을 지배하기 시작할 무렵, 프랑스에서는 경쾌한 로코코 Rococo(화려한 색채와 섬세한 장식, 건축 등이 특징인 양식) 예술이 꽃피려 하고 있었다. 이 로코코 예술의 대명사라고도 할 수 있는 여성이 바로 퐁파두르 부인이다.

물론 그녀가 로코코 예술의 창시자는 아니다. 그녀는 세련된 '좋은 취미'를 가진 사람이었고 자신의 취미로 프랑스 궁정 문화를 수놓았다.

훗날 퐁파두르 부인이라 불리게 되는 잔 앙투아네트 푸아송은 1721년에 태어났다. 평민 출신이면서도 예술을 접할 수 있는 환경에서 자란 그녀는 당시의 여성 치고는 상당히 높은 수준의 교육을 받았다. 또한 어린시절부터 쾌활하고 사랑스러운 성격으로 주위 사람들을 매료시켰다. '작은 왕비'라는 애칭을 통해서도 사랑스러웠을 그녀의 어린 시절을 짐작할 수 있다.

잔 앙투아네트가 아홉 살쯤 되었을 때 어머니가 유명한 예언자에게 그녀를 데려간다.

예언자는 그녀에게 "왕비는 아니나 그에 가까운 사람이 되리."라고 말했다. 당시의 프랑스에서 그 말은 곧 국왕의 '공인된 총희'를 의미했다. 그리고 어린 소녀 자신이 누구보다 강하게 그 예언을 믿으며 실현시키게 된다.

잔 앙투아네트를 귀엽게 여긴 자산가 르 노르망 드 투르네엠(1684~1751년)은 그녀의 사랑 많은 어머니를 숭배하는 인물 중 하나였다. 열아홉 살이 된 잔 앙투아네트는 투르네엠의 조카인 스물넷의 르 노르망 드 티올(1717~1799년)과 결혼한다. 결혼생활은 평탄했으나, 불행히도 아들은 요절하고, 이어서 장녀 알렉산드린 잔(1744~1754년)이 태어난다.

이 젊은 부부가 살았던 에티올의 성은 국왕 루이 15세(재위 1715~1774년)가 좋아하는 사냥터인 세나르 숲 가운데에 자리하고 있었다. 부르주아 계급은 국왕의 사냥에 동행할 수 없었지만, 이웃 주민에게만은 어느 정도 완화된 규정이 적용되었다. 잔 앙투아네트는 이를 최대한 이용했다. 아름답게 꾸민 그녀는 국왕이 지나는 길목에 사냥의 여신 다이애나처럼 등장해 강렬한 인상을 남긴 것이다.

🝔

총희가 되기 위한 영재 교육

그 무렵 운명의 여신도 그녀에게 미소를 지었다. 루이 15세의 총희였던 샤토르 부인(1717~1744년)이 사망했던 것이다.

1745년 2월에 베르사유 궁전에서 국왕의 적자인 루이 왕태자(1729~1765년)의 결혼을 축하하는 가면무도회가 열렸다. 이때 서른다섯 살의 국왕과 이십대 초반의 잔 앙투아네트는 사랑에 빠진다. 부르봉 왕조 최고의 미남이던 루이 15세는 내성적이면서도 여색을 매우 탐한 왕으로 알려져 있다.

모리스 캉탱 드 라 투르(1704~1788년).
〈루이 15세〉. 1748년.
루브르 박물관

총희 샤토르 부인을 잃은 지 얼마 안 되는 왕은 잔 앙투아네트에게 빠져 어떻게든 그녀를 총희로 삼아 베르사유에 있게 하고 싶었다. 하지만 부르주아 계급의 여성을 공인된 총희로 받아들이는 것은 전대미문의 일이었다. 왕의 공식 총희는 귀족 출신의 기혼 여성이어야 한다는 규율이 있었기 때문이다.

그러자 루이 15세는 잔 앙투아네트를 공인된 총희로 만들기 위한 작전을 시작한다. 그것은 '신부 수업'이 아닌 소위 '총희 수업'이었다.

귀족 출신의 궁정 사람이 아닌 그녀가 베르사유에서 살려면 배워야 할 것이 많았다. 베르사유 궁정은 프랑스 안의 또 하나의 나라라고 할 만큼 다양하고 세세한 예의범절과 의례가 존재했다. 물론 독특한 말씨도 있었다. 게다가 베르사유와 마를리, 콩피에뉴 등 궁전에 따라 에티켓도 달라서 공인된 총희로 데뷔하기 위해 익혀야 할 것들이 아주 많았다.

신분에 관한 문제는 국왕이 해결해주었다. 후작 작위를 부활시키고 퐁파두르라는 이름의 영지를 하사함으로써, 잔 앙투아네트는 퐁파두르 후작부인으로 다시 태어났다.

후작부인이 된 그녀는 1745년 9월에 베르사유 궁전에서 국왕, 왕비, 왕태자, 왕녀들에게 인사를 하고 '공인된 총희'로서 정식으로 선을 보인다. 드디어 약 20년 동안 궁정의 진정한 여주인으로서, 또 정치적으로는 프랑스의 그림자 같은 재상으로서 발을 내딛게 된 것이다. 물론 이 사실을 숙부로부터 전해들은 그녀의 남편은 경악했고, 평생 그녀를 용서하지 않았다.

화려한 궁정

궁정에서 퐁파두르 부인은 왕비와 자녀들까지 배려하며 그녀를 탐탁지 않게 여기는 사람들도 상냥하게 대하고 루이 15세를 즐겁게 만드는 데 전력투구하며 하루하루를 보냈다.

점잔을 빼는 귀족 여성들과 달리 밝고 솔직하며 친절한 성격의 그녀는 점차 국왕뿐만 아니라 그녀를 적대시하던 이들의 마음까지 사로잡는다. 그녀의 세심한 배려가 통했는지 루이 15세보다 일곱 살 연상의 왕비 마리 레슈친스카(1703~1768년)마저도 그녀를 인정하게 된다. 왕이 자신에게 상냥해진 까닭이 퐁파두르 부인 때문임을 왕비는 알고 있었다.

궁정이 퐁텐블로 궁전으로 이동해 있는 동안 오래되고 유행에 뒤처진 베르사유 궁전 왕비의 방을 최신 유행에 맞춰 바꿔준 것도 퐁파두르 부인이었다. 퐁파두르 부인은 처음 만났을 때 주위의 예상과는 달리 왕비가 자신에게 보여준 상냥함에 대해 평생 잊지 않고 존경과 감사를 보냈다. 1752년에 루이 15세는 퐁파두르 부인에 대한 배신행위를 참회하며 그녀의 직위를 공작부인으로 높였다. 하지만 그녀는 신분 상승에 따라오는 특권은 누리면서도 왕비에게 경의를 표하고 스스로는 후작부인이라 말하며 몸을 낮추었다.

연극과 노래뿐만 아니라 악기 연주에도 능한 퐁파두르 부인과 있으면 지루할 틈이 없었다. 게다가 말재주까지 뛰어나 이야기도 재미있게 하고 들어주기도 잘해서, 같은 말을 반복하는 버릇이 있던 루이 15세의 지루한 이야기에도 눈을 반짝이며 귀를 기울였다. 왕은 그녀를 통해 왕비나 다른 귀족 여성에게서는 찾을 수 없는 '부르주아 계급적'인 사적인 시간을 즐겼다.

❧

한 몸에 받은 비난

참고로 퐁파두르 부인이 왕의 애인으로서 잠자리를 함께 한 것은 5년 정도였고, 이후로는 친구 같은 관계를 유지했다. 그녀는 육체적으로 관능미와는 거리가 먼 여성이어서 침실에서 국왕을 상대하는 일을 더 이상은 하고 싶지 않다고 했다. 그렇다고 해서 퐁파두르 부인의 헌신에 만족했던 루이 15세는 새로이 '공인된 총희'를 둘 생각은 없었다.

대신에 그녀는 따로 사슴 정원이라고 불리는 베르사유 시내의 저택에 시종들이 찾아낸 루이 15세가 좋아할 만한 여자들을 지내게 하면서 왕을 모시도록 했다. 사슴 정원의 여자들은 매춘부들이 많았는데, 퐁파두르 부인의 입장에서 보자면 자신에게 대항할 만한 강력한 라이벌보다는 교양이 없는 이 여인들이 덜 위협적이라고 생각했던 것이리라.

이리하여 퐁파두르 부인은 잠자리를 같이 하지 않고도 루이 15세의 총애를 유지하며 베르사유에서 군림할 수 있었다.

하지만 프랑스 국민들에게 퐁파두르 부인은 강한 비난의 대상이었다. 그녀를 적대시한 일부 궁정 사람들이 퍼뜨린 소문들은 국민의 악감정에 불을 지폈다. 전통적으로 프랑스 국민은 외국 출신의 왕비를 싫어했는데, 전 폴란드 왕의 딸 마리 레슈친스카 왕비는 선량한 인품 덕분에 인기가 있었다. 궁정 사람들에게는 따분하다고 평가되던 왕비의 성격도 가치관이 다른 민중에게는 좋게 비쳐진 것이다. 역사적으로도 프랑스에서는 통치 능력이 부족한 국왕이나 외국 출신의 왕비가 국민들의 비난의 대상이 되기보다 공인된 총희가 미움을 받는 경우가 많았다.

퐁파두르 부인에 대한 비방과 중상모략이 적힌 전단지는 파리에서 베르사유까지도 전해졌고, 그로 인해 그녀는 신경쇠약에 걸려 몸져누울 정도였다. 퐁파두르 부인의 적들이 뿌린 전단지는 그녀의 옛 성을 따서 '푸아소나드Poissonades(물고기를 뜻하는 그녀의 성 푸아송에서 따온 이름으로, 그녀에 대한 비난이 주된 내용인 풍자시—옮긴이)'라고 불리었다.

예술과 지식을 사랑하다

하지만 예술사를 되돌아보면 퐁파두르 부인이 프랑스 문화에 끼친 영향은 마리 앙투아네트(1755~1793년)와는 비교도 안 될 만큼 대단했다.

박식하고 세련된 취미를 가진 그녀는 재능 있는 예술가를 후원하고, 독일의 마이센 자기磁器와 견줄 수 있는 도자기를 프랑스에서도 만들어야 한다며 세부르 자기의 발전을 이끌었다.

당시의 프랑스에서 그녀만큼 좋은 후원자는 찾기 힘들었다. 또 프랑스의 발전을 위해 백과전서가 필요하다고 믿었던 퐁파두르 부인은 이에 대해 회의적이었던 루이 15세에게 그 중요성을 강조하고 설득했다.

퐁파두르 부인의 남동생 마리니 후작 아벨 프랑수아 푸아송 드 방디에르(1727~1781년)도 누이를 도와 문화 발전에 기여했다. 그는 야심이 없고 정직하며, 상냥한 데다 겸손한 성품의 소유자였다고 한다. 궁정의 귀족들과는 다른 성격 때문인지 루이 15세도 그를 '동생'이라 부르며 아꼈다.

누나로부터 고전예술에 대한 조예를 심화시키라는 명을 받은 마리니 후작은 1749년부터 2년 동안 이탈리아에 머무른다. 그리고 귀국 후에는 왕실 조영물 총감의 직무를 맡는다. 그는 이탈리아에서 보고 들은 것 덕분에 로코코(루이 15세 양식)에 이어 유행한 신고전주의(루이 16세 양식)를 프랑스에 확산시키게 된다.

참고로 신고전주의가 멋지게 드러나는 프티 트리아농 궁은 퐁파두르 부인을 위해 세워진 것이지만, 그녀가 세상을 떠난 후에 완성되었다.

마리니 후작은 퐁파두르 부인의 초상화가 많지만 실제에 가까운 작품은 한 점도 없다고 지적했다. 그녀를 싫어했던 이들조차 부인의 미모를 칭송한 글들이 많이 남아 있지만, 그 아름다움을 그림으로 표현해내기는 어려웠나 보다. 194쪽의 그림은 그녀의 외모보다도 그녀의 존재 자체를 멋지게 이상화시키는 데 성공한 작품이다.

당시의 귀족 여성 중에 독서가 취미인 사람은 소수에 불과했다. 사회적인 지위를 과시하기 위해 책을 모으는 일은 있어도 어디까지나 컬렉션일 뿐, 애독하기 위한 것은 아니었다. 하지만 이 그림 속에서 아름답게 앉아 있는 퐁파두르 부인은 실제로 책을 손에 들고 있다. 뒤의 캐비닛에 있는 책들도 자연스럽게 진열돼 있어, 장식이 아님을 보여준다. 독서는 궁정의 인간관계 등 골치 아픈 일들을 잊게 해주는 최고의 친구였다. 실제로 그녀는 상당한 양의 책을 수집했고 그녀가 죽은 이듬해에는 장서 3525권이 팔려 나왔다고 한다. 즉, 이 초상화는 퐁파두르 부인의 높은 지성을 강조한 작품이다.

오른손에 놓인 편지는 정무에도 관여했던 그녀의 정치적 지위를 드러낸다. 퐁파두르 부인은 '그림자 재상'답게 대신을 임명하기도 했다. 어디 그뿐이랴. 북아메리카의 식민지를 잃는 비참한 결과를 초래한 7년 전쟁(1756~1763년)에서는 군대를 지휘한 적도 있었다. 육군사관학교도 퐁파두르 부인의 제안으로 창설되었다.

너무 빠른 죽음

하지만 미인박명이라는 말처럼 퐁파두르 부인은 1764년 4월 15일에 결핵으로 사십대 초반의 나이에 세상을 떠난다.

프티 트리아농의 외관

신고전주의의 양식미를 보여 주는
프티 트리아농

　사실 어릴 때부터 프랑스 왕으로서 군림했던 루이 15세는 상당히 까
다로운 인물이었다. 그녀는 그런 루이 15세를 위해 몸과 마음을 바쳤을
뿐만 아니라, 총애를 잃을까 두려워 끊임없이 긴장하며 살아야 했다. 궁
정에서는 국왕 일가에 대해 세세한 신경을 썼고 지위와 권력에 맞게 무
척이나 바쁜 생활을 보냈다. 오랜 세월 몸과 마음에 부담이 많았던지 그
녀는 병을 얻고 일찍 삶을 마감하게 된 것이다.

　게다가 궁정에서는 부르주아 계급 출신이라는 이유로 수모를 겪고,
국민들로부터도 미움을 받은 그녀였기에 마음에 큰 상처를 입었다. 그럼
에도 무조건적으로 루이 15세를 숭배하고 사랑했기 때문에 가혹한 나날
을 견디어낸 것이었다.

약 20년간 공인된 총희로서 살아온 날들은 퐁파두르 부인에게는 '전쟁'이었다. 그리고 그 죽음은 루이 15세를 위한 순교였던 셈이다.

루이 15세를 둘러싼 여자들

루이 15세가 다섯 살이 되었을 때 증조부 루이 14세가 죽자, 그는 부모도 형제도 없는 천애고아가 되었다. 그래서인지 루이 15세는 딸들을 결혼시키기 싫은 아버지가 된 듯하다. 왕비와의 사이에서 태어난 여덟 딸 중 요절한 둘 이외에 결혼한 것은 파르마 공비가 된 큰 딸뿐이었다. 프랑스 왕의 딸로 태어난 이상 보통의 귀족과 결혼할 수도 없었고, 그녀들의 입장에서는 아무 불편 없는 베르사유 궁을 떠나고 싶은 생각도 없었다.

퐁파두르 부인은 왕비에게 그랬듯 왕녀들과도 좋은 관계를 유지하고자 노력을 게을리 하지 않았다. 물론 왕녀들도 아버지의 마음을 상하게 하지 않기 위해 표면적으로는 퐁파두르 부인과 원만하게 지냈다.

루이 15세 사망 후 넷째 딸 아델라이드 왕녀(1732~1800년)와 다섯째 딸인 빅토와르 왕녀(1733~1799년)는 퐁파두르 부인이 사랑한 벨뷰 성에서 살았다. 퐁파두르 부인은 구입한 성을 멋지게 꾸미는 데 열정을 쏟은 것으로 유명한데, 그 중에서도 가장 아름다운 곳이 바로 센 강이 내려다보이는 멋진 경관을 자랑하는 벨뷰 성이었다.

루이 15세의 딸들은 벨뷰 성으로 이사한 후 부인에 대한 울분을 해소하려는 듯 성을 완전히 새로 꾸몄다. 참고로 이 두 왕녀가 훗날 여섯째 딸

장 마르크 나티에.
〈사냥의 여신 다이애나의 모습으로 표현된 퐁파두르 부인〉.
1752년. 클리블랜드 미술관

장 마르크 나티에. 〈사냥의 여신 다이애나의 모습으로 표현된 아델라이드 왕녀〉.
1745년. 우피치 미술관

인 소피(1734~1782년)와 함께 마리 앙투아네트(1755~1793년)를 부추겨서
퐁파두르 부인의 후임자인 뒤바리 부인(1743~1793년)을 적대시하게 만든
장본인들이다.

　프랑스혁명이 발발하고 마리 앙투아네트와 뒤바리 부인은 단두대의
이슬로 사라졌고, 두 왕녀는 이탈리아로 망명해 객사했다.

　그건 그렇고, 초상화의 모델을 신화 속 여주인공처럼 연출해 인기
를 얻은 이가 로코코 회화를 대표하는 화가 중 한 명인 장 마르크 나티에
(1685~1766년)다. 205쪽부터 207쪽까지 등장하는 석 점의 초상화에서 퐁
파두르 부인과 아델라이드 왕녀는 사냥의 여신 다이애나, 그리고 빅토와

장 마르크 나티에. 〈빅토와르 왕녀 · 물〉.
1751년. 상파울로 미술관

르 왕녀는 물의 요정으로 표현되어 있다. 과거에 디안 드 푸아티에도 사냥의 여신으로 그려졌는데, 역시나 공인된 총희인 퐁파두르 부인이 다이애나로 그려진 데서 화가의 재치를 엿볼 수 있다.

나티에는 역사화가로서 왕립회화조각아카데미의 회원이었는데, 경제적으로 수입이 더 좋은 초상화가로 전향해 큰 성공을 거두었다. 사실 당시에 초상화가는 역사화가보다 한 단계 아래로 여겨졌다. 역사화처럼 그려진 이런 초상화를 보면 나티에의 역사화에 대한 집착이 드러나는 듯 보인다.

로코코 시대의 초상화는 아름다움을 우아하고 달콤하게 표현하는 특

프랑수아 부셰, 〈소파에 누운 나체의 부인(황금 오달리스크)〉.
1752년. 알테 피나코테크(뮌헨)

징이 있다. 왕후 귀족의 여성이라면 사실성을 왜곡해서라도 그렇게 그려
지고 싶은 법이다.

참고로 아델라이드 왕녀에 대해 몇 자 적자면, 이 초상화를 통해서도
알 수 있듯이 이 10대의 왕녀는 빛나는 미모로 부왕을 비롯한 주위 사람
들을 사로잡았다. 아마 루이 15세의 미모를 이어받았던 것이리라. 게다
가 당시의 왕족 여성으로는 드물게 독서를 즐기는 지성을 갖고 있었다.
그러니 퐁파두르 부인이 죽은 후의 베르사유에서 실권을 쥘 수 있었던
것이다. 루이 15세에게 가장 사랑받은 딸도 바로 재색을 겸비한 아델라
이드 왕녀였다.

그런 그녀가 뒤바리 부인의 존재가 탐탁지는 않았겠지만, 그로 인해

부왕과의 사이가 멀어지는 결과를 초래한 것은 이해하기 힘든 점이다.

＊

208쪽의 그림은 퐁파두르 부인의 후원을 받았던 화가 부셰가 그린 나체의 부인상이다. 당시에는 나체를 그리려면 신화에 나오는 여신이나 화장실에서 옷을 갈아입는 인물이어야 하는 등 나체여야 하는 합당한 이유가 필요했다. 그렇기에 그저 일반적인 나체의 여성을 그린 이 그림은 현대인이 보기에는 이상하지 않아도, 당시로서는 이례적인 그림이었다.

모델이 된 것은 루안 출신의 아일랜드인 소녀 마리 루이즈 오머피(1737~1814년)다. 육감적인 그녀는 부셰가 선호했던 모델이다.

이 그림이 그려졌을 무렵, 카사노바(1725~1798년)의 연인이었던 열네 살의 그녀는 베네치아 출신인 이 희대의 바람둥이의 중개로 사슴 정원이라고 불리는 곳에서 루이 15세와 잠자리를 함께 했다.

2년 정도 국왕을 상대하던 그녀는 착각하기 시작했다. 자신이 새로이 공인된 총희의 자리에 앉으려고 생각한 것인지, 루이 15세의 앞에서 퐁파두르 부인의 험담을 하다 쫓겨나게 된다.

국민들의
증오의 대상이 된 왕비

마리 앙투아네트

〈마리 앙투아네트와 아이들〉
엘리자베스 루이즈 비제 르 브룅.
1787년.
베르사유 궁전

국민들의 눈에 비친 왕비의 모습

프랑스 왕비 마리 앙투아네트(1755~1793년)의 극적인 인생과 비극적인 최후에 대해서는 더 설명할 필요도 없다. 합스부르크가에서 시집 온 그녀의 인생에 대해서는 모르는 사람을 찾기가 어렵지 않을까? 오늘날은 많이 나아졌지만, 생전에 그녀는 프랑스 국민들에게 인기가 너무 없었다. 참으로 얄궂은 운명이다.

마리 앙투아네트에게 찾아온 불행의 씨앗은 남편인 루이 16세(1754~1793년, 재위 1774~1792년)가 선대의 루이 15세처럼 공인된 총희를 두지 않은 데 있다. 남편이 성실하고 부인밖에 모른다면 감사해야 할 일이지 부인에게 불행을 가져오지는 않는다. 하지만 전통적으로 총희의 그늘에 가려져 눈에 띄지 않는 왕비에게 익숙했던 프랑스인들에게 마리 앙투아네트는 틈만 나면 나서는 것처럼 비쳐졌다. 그녀가 정치적으로 참견을 한 적도 있지만, 실제로 루이 16세는 왕비가 시키는 대로 움직이는 왕이 아니었다. 그런데도 국민들은 기가 약한 국왕이 나서기 좋아하는 왕비의 손에 놀아나고 있다고 굳게 믿었다.

마리 앙투아네트가 사치스러운 보석과 의상을 즐기고, 자녀들이 태어날 때까지는 내기와 낭비를 한 것은 사실이다. 가면무도회에 빠진 일도 있었다. 프티 트리아농 궁의 정원을 잉글랜드식으로 바꾸고 자신의 추종자들에게 둘러싸여 지내기도 했다.

이런 왕비의 향락적이고 사치스러운 생활방식이나 문란한 사생활에 관한 소문들은 국민들에게 비판을 받았고, 프랑스 국내뿐만 아니라 전 유럽의 이야깃거리가 되었다. 경박한 왕비라는 이미지가 국민들의 머릿속에 완전히 자리 잡은 셈이다.

그러던 1785년 8월에 그녀의 인생을 더욱 나락으로 몰고갈 '목걸이 사건'이 발생한다. 마리 앙투아네트에게는 죄가 없는 사기 사건임에도 국민들은 실제로 그녀가 관련되었을 거라 생각했다. 평소의 경박한 이미지와 차분하지 못한 생활 때문에 마리 앙투아네트라면 그럴 수 있다고 여긴 것이다. 이 사건도 프랑스 혁명의 한 원인이 되었다고 볼 만큼, 사건이 종결된 후에 국민들이 국왕 부부에게 가진 반감은 컸다.

만약 루이 16세에게 퐁파두르 부인처럼 화려한 총희가 있었다면 국민들의 비난은 총희에게 향했을 테니, 마리 앙투아네트가 그렇게까지 미움을 받지는 않았을 것이다.

자신에 대한 나쁜 평판을 회복하기 위해 마리 앙투아네트가 아끼던 여류화가로 하여금 그리게 한 것이 바로 212쪽의 초상화다. 이것은 왕비의 공식 초상화로서 1787년에 살롱에 출품되어 국민들에게 선보여졌다.

왕비는 차분한 색상의 간소한 드레스를 입고 자신의 아이들에게 둘러싸여 있다. 왕태자가 빈 아기 침대를 가리키고 있어 보는 이로 하여금 이 그림을 그리던 중에 죽은 한 살도 안 된 소피 왕녀를 떠오르게 한다.

'국민의 어머니'로서의 이미지를 심어주려는 작전은 일시적으로 국민들의 동정을 사는 데 성공했다. 하지만 그녀가 빈에서 시집왔을 때 누린 인기를 부활시킬 수는 없었다. 서서히 가까워지는 혁명의 돌풍을 피하기는 참으로 어려웠다.

1789년 7월 14일에 드디어 프랑스 혁명이 발발하고, 서른여덟이던 마리 앙투아네트는 1793년 10월 16일에 단두대의 이슬로 사라진다.

제 **14** 장

빈터할터가 그린
귀부인들

초상화의 뒤안길

〈영국 왕녀 빅토리아〉
프란츠 빈터할터.
1843년.
버킹엄 궁전 / 왕실 컬렉션

초상 사진의 등장

프랑스 혁명이 사회를 격변시켰듯이 사진의 등장도 19세기 회화에 큰 영향을 주었다. 초상화의 역할을 초상 사진이 대신하게 된 것이다. 초상화에 비해 가격이 싼 사진은 왕후귀족 중심이던 사회가 변화하고 민주주의가 발전하면서 널리 확산된다.

한편, 미술사는 인상파와 후기인상파가 등장하며 새로운 시대로 들어선다. 초상화를 포함한 회화 전체가 사실적으로 이차원의 세계에서 삼차원의 세계를 표현하는 르네상스 이래의 전통에서 벗어나, 어떻게 그리고 무엇을 표현하느냐는 데 중점을 두는 모던 아트의 시대가 시작되었다. 결국 초상화 자체의 존재 이유가 변화하게 된다.

19세기에 사회도 미술도 크게 바뀌면서, 신고전주의 화가들은 초상화의 전통에 충실했던 마지막 세대가 된다.

그런 신고전주의의 초상화가들 중에는 그림은 지금도 매우 유명한데 화가의 존재 자체는 높은 평가를 못 받는 화가가 있다. 바로 19세기의 유럽에서 왕후귀족들에게 가장 사랑받은 독일인 화가 프란츠 빈터할터(1805~1873년)다.

빈터할터. 〈자화상〉. 1868년

'아름답기만 한' 초상화

지금껏 이야기했듯이 초상화는 외모를 닮게 그리는 것이 전부가 아니다. 인물의 내면까지 전달할 수 있어야 일급 초상화다. 그렇지 않다면 그저 닮은 그림에 불과할 뿐이다. 그런데 빈터할터는 모델을 아름답게 그려내는 능력은 출중했지만, 내면을 전달하는 힘이 약했다. 그의 주특기였던 표면적인 이상화가 왕후귀족으로부터 절대적인 인기를 얻었음에도 미술사에서는 이름을 남기지 못한 것도 바로 그 때문이다.

예를 들면 앞에 등장한 그림에서 스물네 살의 왕녀 빅토리아(재위 1837~1901년)는 결혼 3년째에 세 아이를 낳고 행복하게 지내는 여성의 모습을 보여준다. 하지만 그림 속에서 그녀의 강한 의지와 완고한 성격은 전혀 찾아볼 수 없다. 미모가 뛰어나지 않은 여성을 너무 로맨틱한 여주인공처럼 이상화시켜, 보는 사람이 부끄러울 정도다.

빅토리아 왕녀는 왕가의 결혼은 국가의 위신을 높여야 한다고 생각하는 사람이었다. 그래서 프랑스 제2제정황제 나폴레옹 3세(재위 1852~1870년)와 우아한 아름다움을 가진 스페인 백작의 딸 외제니 드 몽티조(1826~1920년)의 결혼을 두고 "품위가 없고 세련되지 못하다"고 평가

했다. 그리고 나폴레옹 3세를 벼락
출세한 사람으로 취급했다.

미모로 유명한 스물여섯 살의
스페인 백작 딸과의 결혼에 대해
서는 나폴레옹 3세의 주위에서도
반대하는 이가 많았다. 하지만 처
음에는 반대하던 빅토리아 왕녀도
1855년에 황제 부부가 영국을 공식
방문했을 때 기품 있고 훌륭한 매

빅토리아 왕녀의 결혼식 사진(1840년). 이때의
너의 외제니 본인을 만나본 후에는   그녀의 드레스가 순백의 웨딩 드레스 1호다.

마음에 들어 했고, 둘은 평생 우정을 나누게 된다.

외제니는 매우 지적이고 정이 많았으며, 강인한 정신의 소유자였다.
하지만 222쪽의 그림을 보면, 작가는 대관식에서 정장을 입은 그녀의 아
름다움은 잘 표현했지만, 내면적인 미덕을 이끌어내지는 못했다.

영원히 젊고 아름다운 시시[sissi]

뛰어난 미모를 자랑하는 외제니도 '유럽 제일의 미인 왕후'로 칭송받던
오스트리아의 엘리자베트(1837~1898년)에게는 자연스레 관심이 갔다. 미
모의 두 왕후는 1867년 6월에 잘츠부르크에서 만난다. 하지만 빅토리아
왕녀를 만났을 때와 달리 마흔한 살의 외제니는 스물아홉의 엘리자베트

빈터할터. 〈프랑스 왕후 외제니〉.
1853년. 오르세 미술관

와는 우정을 키울 만한 관계로 발전하지는 못했다.

참고로 엘리자베트는 오늘날까지도 빈터할터가 그린 유명한 초상화 덕분에 '영원히 젊고 아름다운 소녀'의 이미지를 갖는데 성공했다.

그림 속의 엘리자베트는 숭고할 정도로 아름다워서 보는 이로 하여금 로맨틱한 감정을 갖게 한다. 절세의 미녀로 이름을 떨친 엘리자베트라고 해서 어찌 외모상의 결점이 한두 개 없었겠는가마는, 빈터할터의 일은 그것을 폭로하는 것이 아니었다. 아마 극단적인 나르시시스트였던 그녀도 이 초상화에는 만족했을 듯싶다.

하지만 그가 그린 초상화는 엘리자베트의 성격이나 내면을 전혀 보여주지 못했다. 그녀가 아무리 자유롭게 자랐다고 해도 당시의 계급사회에서 바이에른 공녀였고 열여섯 살에 오스트리아의 황후가 된 인물이다. 그런 신분과 환경 때문에 오만한 면이 있어서 마음에 들지 않으면 태연히 손바닥으로 시녀를 때리기도 했다. 또 황후에게 어울리지 않게 무책임하고 변덕스러운 데다 게으른 면도 있었다. 너무 자기중심적인 인물이었던 것이다.

이 초상화가 그려졌을 무렵의 엘리자베트는 이미 황후의 책임을 내던지고 여행을 즐기며 지내고 있었다. 그런 황후에게 더 이상 애정을 보낼 수 없었던 빈의 시민들은 그녀를 아예 없는 사람처럼 취급했다.

그런 엘리자베트의 명예가 회복된 것은 레만 호수 옆에서 이탈리아인 무정부주의자에 의해 암살된 후 그녀의 남편인 프란츠 요제프 황제(재위 1848~1916년)가 실시한 '엘리자베트 미화 프로젝트'가 있었기에 가능했다. 황제의 명에 따라 그녀의 아름다움을 보여주는 많은 조각과 회화가 제작되었다.

그러나 생전의 엘리자베트를 모델로 한 것이 아니어서 살아 있는 인간의 이미지를 표현하지 못한 작품이 대부분이었고, 미술품으로서 수준이 낮은 것이 많았다.

빈터할터가 내면을 잘 그려내지 못했다고 해도 생전의 엘리자베트를 모델로 그린 이 작품이 지금까지도 '영원히 젊고 아름다운 시시(엘리자베트의 애칭)'로 남아 있다는 것은 평가할 만하다.

실은 나 역시 처음 빈을 방문했을 때, 이 초상화를 보고 한 대 얻어맞은 사람처럼 우두커니 서 있었던 생각이 난다.

역사를 돌이켜봤을 때 엄격한 숙모이자 시어머니였던 조피 대공비(1805~1872년)가 엘리자베트를 신뢰하지 못하고, 두 사람 사이에 잡음이 끊이지 않았던 이유를 알 것도 같다. 오늘날의 엘리자베트 신봉자들

빈터할터. 〈오스트리아 왕후 엘리자베트〉.
1864년. 빈 미술사 미술관

에게 조피는 항상 악역이라는 사실이 안타깝다. 합스부르크가의 기둥을 필사적으로 세우려 한 여장부 조피가 결과적으로 합스부르크 제국의 붕괴를 앞당겨버린 엘리자베트에게 가진 감정을 조금이라도 이해해보면 어떨까.

초상화의 역할

엘리자베트와 마찬가지로 독일인으로서 황후의 자리에 오른 여성이 러시아 황제 알렉산드르 2세(재위 1855~1881년)의 황후 마리아 알렉산드로보나(1924~1880년)다.

그녀는 헤센 다름슈타트 대공의 막내, 즉 막시밀리아네 빌헬미네 마리라는 이름을 갖고 있었다. 하지만 사실은 대공의 혈육이 아니라 어머니 빌헬미네 폰 바덴(1788~1836년)과 애인 사이에 생긴 자식이었다. 스스로도 부인에 대해 떳떳하지 못했던 대공이 괴상한 소문을 두려워해 인정한 딸인 셈이다.

마리가 열네 살이었던 무렵, 황태자 시절의 알렉산드르가 신부를 찾으러 독일을 여행하던 중에 그녀를 만나게 된다. 황태자는 그녀의 출생의 비밀을 알고도 1841년에 결혼식을 올렸다. 이후로 그녀는 마리아 알렉산드로보나로 개명한다. 하지만 결혼 후, 알렉산드르의 아내에 대한 애정은 금방 식어버렸고 마리아 알렉산드로보나는 남편의 부정 때문에 평생 마음고생을 해야만 했다.

오른쪽의 초상화는 그녀가 황후가 된 지 2년째 되던 해에 그려졌다.

러시아 황후인 그녀는 궁정 사람들로부터 너무 똑똑하다는 이유로 미움을 받았다. 사람들은 그녀가 남편의 부정에 깊이 상처받는 것도 이해하지 못했다.

군주의 결혼은 소위 기업 간의 계약서 같은 것이라 여기는 궁정 사람들은 황제나 국왕이 총희를 두는 데 전혀 거부감이 없었다. 게다가 당시의 러시아 궁정에서는 소국인 헤센 공국의 대공녀 출신 황후가 황제의 부정에 대해 불만스러워한다는 것 자체가 주제넘은 태도로 비쳤다. 초상화 속의 그녀는 외로워 보이기는 하지만, 역시나 빈터할터의 작품답게 어떤 성격의 인물인지 알기는 어렵다.

외모만 아름답게 그리고 모델의 내면을 반영하지 못한 빈터할터에게 미술사에서 야박한 점수를 매기는 것은 어쩔 수 없는 부분이다. 하지만 '진중함'을 최상의 미덕으로 여긴 19세기의 가치관으로 보자면 모델의 내면을 표현하지 않는 그림은 최상의 고객 서비스였으리라.

또한 회화의 의미와 역할이 크게 변화한 19세기를 상징하는 표현법으로 볼 수도 있겠다.

빈터할터.
〈러시아 황후 마리아 알렉산드로보나〉.
1857년. 에르미타주 미술관

미국의
우상이 된 여인

재클린 케네디 오나시스

〈16명의 재키〉
앤디 워홀.
1964년.
브랜트 재단(미국, 코네티컷 주)

❦

'완전히 새로운' 초상화

인상파 이후의 서양 회화에서는 기존에 회화의 중심이던 '주제'가 밀려나고 화가의 '주관'이 중심의 한 축을 담당하게 된다. 즉 모던 아트 시대가 도래한 것이다. 초상화도 전통적인 역할을 하는 초상화 이외에 초상을 모티프로 화가가 표현하고 싶은 관념과 사상을 드러낸 '작품'이 등장했다.

팝 아트의 대표주자인 앤디 워홀이 제작한 '재키', 재클린 케네디 오나시스(1929~1994년)의 이미지는 전통적인 초상화의 장르라고 보기는 어렵다.

물론 그녀가 워홀에게 제작을 의뢰한 것도 아니다. 워홀은 많은 유명인을 실크스크린으로 초상화화 했는데, 그 중에서 초상화의 주인공이 스스로 희망해 주문한 것은 '초상화'의 장르에 들어간다. 말하자면 전통적인 초상화라는 이름의 '상품'인 셈이다.

워홀이 만들어낸 재키의 이미지는 제2차 세계대전 후의 미국 대중사회와 대량소비사회를 상징한 팝 아트의 진수를 보여주는 '작품'이자, 워홀 자신의 사상과 지성이 반영된 '예술'이었다.

✿

전 세계를 사로잡다

미국인은 서른한 살의 영부인 재키에게 사로잡혔다. 기존의 보수적이고 촌스러운 미국 영부인이 아니라 마치 여왕처럼 우아하고 아름다운 재키에게 미국뿐만 아니라 전 세계가 매료되었다고 해도 과언이 아니었다.

당시 미합중국은 압도적인 국력을 자랑했지만 유럽(특히 영국과 프랑스)에 대해 문화적인 콤플렉스가 심했다. 그런데 세련된 패션을 소화하고 왕족의 우아함과 위엄을 지닌 재키가 영부인이 됨으로써 미국의 문화 콤플렉스는 단번에 해소될 수 있었다.

그녀는 미국인에게 영화배우 같은 존재가 되었다. 잘 생기고 카리스마 넘치는 존 F. 케네디 대통령(1917~1963년)과 부인, 사랑스러운 아이들은 이제껏 미국인이 가질 수 없었던 로열패밀리와 같은 존재가 된 것이다.

재키는 일찍부터 일류 문화를 접하고 프랑스 유학을 경험하며 해외의 문화에도 조예가 깊었다. 세련된 취미를 가진 그녀 덕분에 백악관의 저녁 모임은 매우 우아해졌다. 게다가 그녀는 백악관을 수리하는 데 열정을 쏟아 붓고 의회를 설득시켜 백악관을 국립박물관으로 지정하는 데 성공한다. 덕분에 그녀의 생각대로 수리자금이 확보되었다. 재키는 무엇이든 원하는 것을 우아하게 손에 넣는 방법을 알고 있었다.

그녀의 지휘 하에 멋지게 수리된 백악관은 1962년 2월 14일에 '존 F.

케네디 부인의 백악관 안내'라는 이름을 단 1시간짜리 텔레비전 프로그램으로 방송되었다. 1시간에 걸쳐 방송된 재키의 우아한 태도에 국민은 마음을 빼앗길 수밖에 없었다.

유럽과 대등하게 논쟁하다

재키의 인기가 점점 더 높아지면서 미국 여성들은 그녀의 패션 센스와 헤어스타일, 화장법 등을 앞 다투어 따라했다. 그 인기는 미국에 한정되지 않았다. 케네디 대통령과 동행해 프랑스와 오스트리아를 방문했을 때는 은은한 우아함과 미모가 현지 사람들을 열광시켰고 대통령 이상의 인기를 누렸다.

　프랑스에서는 샤를 드골 대통령(1890~1970년)과 프랑스어로 대화를 나누고, 작가이자 문화장관이었던 앙드레 말로(1901~1976년)와 곧장 의기투합했다. 재키에게 흠뻑 빠진 말로는 레오나르도 다 빈치가 그린 세계적으로 가장 유명한 초상화, 즉 루브르 박물관이 자랑하는 최고의 보물 〈모나리자〉를 미국에 빌려주기로 한다. 그는 순수하게도 국립미술관이 아니라, 케네디 대통령에게 개인적으로 빌려주는 형식을 취했다.

　미술관에서 공개하기에 앞서 미국으로 건너간 말로 부부도 참석한 가운데 프랑스 대사관에서 리셉션이 열렸다. 이때 재키는 프랑스에 경의를 표하며, 오레그 카시니(1913~2006년)로 하여금 핑크색 시폰으로 황후 조세핀(1763~1814년)을 연상시키는 앙피르Empire양식(1800년 경부터 1830년

〈모나리자〉 앞의 케네디, 말로 부부

까지 프랑스에서 유행한 실내장식, 공예, 건축, 복식 등의 디자인 양식)의 드레스를 디자인하도록 했다. 참고로 세련된 재키는 미국인 디자이너가 아닌 미국으로 귀화한 파리 태생의 러시아 귀족인 카시니를 전속 디자이너로 채용했다. 영부인 시절의 재키 룩은 카시니가 만들고 시아버지인 조제프 케네디(1888~1969년)가 대금을 지불했다.

재키와 카시니는 '베로네즈(1528~1588년)의 그린'이나 '나티에의 블루' 등 프랑스 회화를 참고로 의상의 색상에 대해 대화를 나눴다. 이런 대화는 미술사에 상당한 조예가 없이는 불가능하다.

아들을 대통령으로 만들 꿈이 있었던 조제프 케네디는 처음 만났을 때부터 귀족적이고 문화적인 재키의 개성이 마음에 들었다. 그녀야말로 미래의 영부인에 가장 적합한 인물이라 평가한 것이다. 재키에게는 젊었을 때부터 케네디 가문에 결여된 우아함과 세련된 분위기가 갖춰져 있었다. 터치풋볼 같은 거친 운동을 즐기고, 정치에 관여하길 즐기는 강인한 케네디가의 여성들과는 잘 맞지 않았지만, 재키는 시아버지와는 평생 애정 넘치는 관계를 이어갔다.

재키는 결혼생활 동안 남편의 바람기로 인해 여러 차례 고생하지만 결국 침묵을 선택한다. 바람기 넘치는 아버지의 사랑을 받으며 자란 재키는 불성실한 남편에게 익숙했던 것이다. 또한 재력과 특권이 주어지면 남편의 부정을 눈감아 줄 수 있는 세대의 여성이었다.

되풀이되는 우상

1963년 11월 22일, 케네디 대통령은 댈러스에서 암살당한다. 이 무렵은 대통령의 바람기도 가라앉고 부부관계가 양호했던 때라 차기 대선을 위해 텍사스 주의 지지율을 높여야 했던 대통령은 인기가 많은 재키를 대동하고 텍사스 주로 유세를 간 것이다.

산 안토니오, 휴스턴, 포트워스를 돌고 마지막으로 댈러스에서 자동차 퍼레이드를 하며 사람들로부터 열광적인 환영을 받던 그때, 총탄이 케네디 대통령의 머리를 관통한다. 이 장면은 텔레비전으로 중계되어 미국뿐만 아니라 전 세계에 말로 표현할 수 없는 충격을 주었다.

워홀이 만든 작품에 있는 재키의 사진은 핑크색 샤넬 슈트를 입은 재키가 댈러스 사람들을 향해 방긋 웃는, 비극이 일어나기 전의 재키, 대통령의 관을 실은 대통령 전용기 안에서 후임자 린든 B. 존슨 대통령 (1908~1973년)이 취임 선서를 하는 옆에서 남편의 피가 묻은 샤넬 슈트로 몸을 감싼 채 망연히 서 있는 재키, 전 세계가 주목하는 가운데 치러진 장례식에서 슬픔을 참는 그녀의 모습이 반복적으로 겹쳐져 있다. 이러한 퍼레이드에서의 암살 장면과, 취임 선언을 하는 존슨 대통령 옆에 선 재키와 11월 25일의 장례 영상과 사진은 미국인의 눈에 깊이 박혔다.

총격을 받기 직전의 케네디 대통령과 미소 짓는 재키

　하지만 암살 사건이 있은 이듬해에 제작된 작품에서 워홀이 전하고자
한 것은 재키가 느낀 슬픔이 아니었다. 텔레비전과 신문, 잡지에서의 이
미지가 제2차 세계대전 후의 미국에서 대통령의 암살이라는 비극조차도
미디어를 통해 반복적으로 전해짐으로써 사람들의 의식을 서서히 마비
시킨다는 현대사회의 무서운 현실을 드러내고 있다.
　재키는 이 비극이 있은 후에 미국인뿐만 아니라 전 세계의 많은 사람
들에게 성모 마리아와 같은 '우상'이 된다. 당시의 많은 사람이 사진 속의
재키가 1963년 11월 22일에서 25일 중 언제의 그녀인지 알 수 있을 정도
였다. 마치 가톨릭 교도가 '수태고지'나 '크리스트 애도', '성모 승천'에서
마리아상을 인식하듯 말이다.
　그리고 우상이 된 재키의 사진 대부분이 미국에 생긴 비극을 떠올리
게 해 미국사회의 현실에 눈을 뜨게 하는 것이 아니라, 대량 소비사회의
대중용 크리스마스 상품에서 많이 볼 수 있는 진부한 센티멘털리즘이나

존슨 대통령의 옆에서 선서를 듣는 재키　　　아이들을 데리고 장례식에 참석하는 재키

시민사회에 만연하기 쉬운 경박함으로 수렴되어버림을 워홀은 폭로하고 있는 것이다. 1960년대의 미국을 상징했던 재키는 워홀에 의해 현대사회를 상징하는 우상이 된 것이다.

이처럼 사진이 등장하고 모던 아트가 회화의 흐름을 바꿈으로써 초상 예술도 새로운 역할을 담당하게 되었다.

참고문헌

- 이시이 미키코, 《르네상스의 여왕 엘리자베스—초상화와 권력》, 朝日新聞社, 2001년
- David Warnes, 《러시아 황제 역대지》, 創元社, 2001년
- Jean Des Cars, 《아름다운 황후 엘리자베트—오스트리아 제국의 황혼》, 中公文庫, 1990년
- 가나자와 마코토, 《왕권과 귀족의 연회(생활 세계역사 8)》, 河出文庫, 1991년
- Joseph Calmette, 《부르고뉴 공국의 대공들》, 國書刊行會, 2000년
- Frank B. Gibney 엮음, 《브리태니커 국제대백과사전》, TBS브리태니커, 1988년
- George Peabody Gooch, 《루이 15세—부르봉 왕조의 쇠망》, 中央公論社, 1994년
- Margaret Crosland, 《퐁파두르 후작부인—베르사유 무관의 여왕》, 原書房, 2001년
- 에무라 히로시, 《합스부르크가》, 講談社現代新書, 1990년

    　　　　　《합스부르크가의 여자들》, 講談社現代新書, 1993년

    　　　　　《중세의 마지막 기사—황제 막시밀리안 1세 전기》, 中央公論社, 1987년
- 고니시 아키코, 《화려한 두 여왕의 싸움》, 朝日文庫, 1988년
- 시오노 나나미, 《르네상스의 여자들(시오노 나나미 르네상스 저작집2)》, 新潮社, 2001년
- 고바시 유코, 《영국 미술》, 岩波新書, 1998년
- J. Randy Taraborrelli, 《재키, 에셀, 존—케네디가의 여자들》, 集英社, 2002년
- Tzvetan Todorov, 《개인에 대한 예찬—르네상스기의 플랑드르 초상화》, 白水社, 2002년
- 나카무라 토시하루, 《페테르 파울 루벤스—회화와 정치 사이》, 三元社, 2006년
- Eleanor Herman, 《왕들의 섹스—왕의 사랑을 받은 여자들의 역사》, KK베스트셀러즈, 2005년
- 하세가와 테루오, 《성스러운 왕권 부르봉가》, 講談社選書메치에, 2002년
- Christopher Hibbert, 《여왕 엘리자베스 상—여왕이 되는 길》, 原書房, 1998년

    　　　　　《여왕 엘리자베스 하—대국으로 가는 길》, 原書房, 1998년
- Lucien Paul Victor Febvre, 《프랑스 르네상스 문명—인간과 사회의 네 가지 이미지》, 치쿠마 학예문고, 1996년
- Max Von Boehn, 《로코코의 세계—18세기 프랑스》, 三修社, 2000년
- Kristin Lohse Belkin, 《루벤스(이와나미 세계의 미술)》, 岩波書店, 2003년

- Maria Bellonci, 《르네상스의 꽃—이사벨라 데스테의 사랑과 생애 상 · 하》, 悠書館, 2007년
- 호리코시 코이치, 《부르고뉴가—중세 가을의 역사》, 講談社現代新書, 1996년
- Princess Michael of Kent, 《이국으로 시집 간 공주들—유럽 왕실 야사》, 時事通信社, 1989년
  《궁정을 수놓은 총희들—(속) 유럽 왕실 야사》, 時事通信社, 1994년
- Nancy Mitford, 《퐁파두르 후작부인》, 東京書籍, 2003년
- 모리 마모루, 《영국왕실사 상 · 하》, 中公文庫, 2000년
- Thea Leitner, 《여제가 사랑한 남자들》, 花風社, 1999년
  《음지의 남자들—여제가 사랑한 남자들 2》, 花風社, 1999년
- Evelyne Lever, 《왕비 마리 앙투아네트》, (知의 재발견), 創元社, 2001년
- Blake, Robin, *Anthony van Dyck: A Life*, Ivan R Dee, Publisher, 2000
- Bowles, Halmish, et al., *Jacqueline Kennedy: The White House Years:*
- *Selections from the John F. Kennedy Library and Museum*, Bulfinch Press Book/ Little Brown and Company, 2001
- Calloway, Stephen: Jones, Stephen, *Royal Style: Five Centuries of Influence and Fashion*, Little Brown and Company, 1991
- Carr, Dawson W. et al., *Velazquez*, National Gallery Company, London, 2006
- Cassini, Oleg, *a thousand days of magic: Dressing Jacqueline Kennedy for the White House*, Rizzoli, 1995
- Guy, John, *Queen of Scots: The True Life of Mary Stuart*, Mariner Books, 2005
- Panofsky, Erwin, *Early Netherlandish Painting, its origins and character*, 1st Icon Ed., Harper & Raw, 1971
- Prince Michael of Greece, *Imperial Palaces of Russia*, Tauris Parke Books, 1992
- Seydoux, Philippe, *Chateaux of the Val de Loire*, The Vendome Press, 1992
- White, Christopher, *Anthony van Dyck: Thomas Howard and Earl of Arundel (Getty Museum Studies on Art)*, J Paul Getty Museum Publications, 1996

미녀들의
초상화가 들려주는
욕망의 세계사

2015년 4월 20일 초판 1쇄 발행
2015년 6월 15일 초판 2쇄 발행

지은이   ㅣ 가무라 다이지
옮긴이   ㅣ 황미숙
디자인   ㅣ 아르케
인쇄 · 제본 ㅣ 한영문화사

펴낸이   ㅣ 이영미
펴낸곳   ㅣ 올댓북스
출판등록 ㅣ 2012년 12월 4일(제 2012-000386호)
주 소   ㅣ 서울시 마포구 연희로 19-1, 6층(동교동)
전화   ㅣ 02)702-3993
팩스   ㅣ 02)3482-3994

ISBN   979-11-953058-4-1 03900

올댓북스의 책

싱글녀 다섯과 고양이 두 마리의
유쾌한 셰어하우스

김미애 외 지음 | 272쪽 | 13,800원

'특집'이라는 셰어하우스에 입주한 뒤 비로소 자신의 정체성과 꿈을 찾고 새로운 가족이 생겨 행복해진 다섯 싱글 여성의 솔직 발랄 유쾌한 셰어하우스 생활기.
20, 30대 젊은이들의 고민과 눈물, 꿈과 행복, 웃음과 희망이 담겨 있다.

돈을 많이 벌려고 애쓰기보다
이것부터 기르자.
사지 않는 습관

가네코 유키코 지음 | 정지영 옮김
224쪽 | 12,000원

체내에 쌓인 유해물질을 내보내기 위해 디톡스하는 것처럼, 불필요한 물건은 사지 않는 습관을 기르자.
돈에 의지하지 않고도 질 높은 생활을 할 수 있는 방법이 보인다.

평범한 듯 평범하지 않은
남다른 나

베아트리스 밀레트르 지음 | 김교신 옮김
216쪽 | 12,000원

이 책은 인지 심리학 박사이며 심리 치료사인 저자가 대다수의 사람들과 다른 직관적, 포괄적 사고를 하는 우뇌형 사람들이 자신을 긍정하고 잠재력을 발휘하도록 도와준다.

서양 미술사를 화려하게 수놓은 미녀들의 초상화.
그녀들의 화사한 미소 뒤에는 무엇이 숨겨져 있었을까?

한 장 한 장의 초상화를 통해 미스터리처럼 떠오르는 그녀들의 운명,
성(性), 사랑과 비극, 사랑과 욕망이 뒤엉킨 드라마 같은 세계사.

초상화는 19세기 이전까지 당시 세계 역사를 주무르던 왕족이나 귀족의 전유물이었다.
따라서 종교나 문화 사조의 흐름과 유행을 반영한 것은 물론이고,
철저한 미디어 작전의 소산으로 정치와 깊은 관계가 있거나
주인공의 성향을 알려주는 중요한 단서가 되었다.
이 책은 미녀들의 초상화 뒤에 감춰진 권력과 욕망의 세계사를 낱낱이 보여준다.

- 너무 일찍 아름답게 꽃피고 너무 일찍 져버린
  마리 드 브루고뉴
- 문화예술의 후원자이며 외교력을 발휘한 이사벨라 데스테
- 성모 마리아에 비견할 만큼 왕의 총애를 받았고 타인들로
  부터는 증오를 한몸에 받았던 아네스 소렐
- 아름다움을 유지하기 위해 끊임없이 노력했고 왕과 그 아
  들에게까지 총애를 받았던 디안 드 푸아티에
- 로마교회와 대립하면서까지 이혼한 헨리 8세와 결혼했으
  나 끝내 아들을 낳지 못해 억울하게 죽은 앤 불린
- 왕국의 우상이 되고, 국가와 운명을 같이한 처녀왕
  엘리자베스 1세
- 평생 카리스마를 지닌 여왕으로서보다는 사랑을 좇은 여인
  의 삶을 택한 메리 스튜어트

- 부르봉 왕조의 시작 무렵 앙리 4세의 반려자로 활약한 가브
  리엘 데스트레
- 막대한 지참금과 함께 프랑스의 왕비가 되었던 메디치가의
  여인 마리 드 메디시스
- 가톨릭 교도로서 개신교 왕과 결혼한 헨리에타 마리아
- 저물어가는 스페인 합스부르크가의 비운의 왕녀 마르가리타
- 로코코 예술의 대명사이며 그림자 대사로 불린 퐁파두르
  부인
- 국민들의 증오의 대상이 된 왕비 마리 앙투아네트
- 미국의 우상이 된 재클린 케네디 오아시스

값 14,000원

03900

9 791195 305841

ISBN 979-11-953058-4-1